예수가 하려던 말들

예수가 하려던 말들

김호경

예수의 비유에 관한 성서학적·철학적 사색

뜰임

말은 사람 사이를 이어 주기도 하지만 갈라놓기도 한다. 발화된 말은 이해를 지향하지만 오해로 귀착될 때가 많다. 『예수가 하려던 말들』이라는 제목 속에는 예수의 말을 제대로 알아듣지 못하는 이들에 대한 안타까움이 짙게 배어 있다. 은유적 이야기로서의 비유를 통해 예수가 가르치려던 하나님 나라는 대체 어떤 것일까? 하나님 나라라는 전적으로 새로운 세계를 드러내기 위해 예수가 기대고 있는 것은 심오한 깨달음의 언어가 아니라 일상의 풍경이다. 비범한 진실을 드러내기 위해 선택된 일상적인 이야기. 예수는 일상의 창을 통해 영원을 바라본다. 그의 비유는 유대교 사회적 세계, 더 나아가 로마 제국이 당연하다고 여기는 질서를 안에서 해체한다. 예수는 스스로 경건하다 자부하는 이들이 쌓아 놓은 장벽들을 하나둘 무너뜨림으로써 모든 인간을 거룩의 현존 앞으로 인도한다. 『예수가 하려던 말들』을 읽는 이들은 현대 철학자들이 공들여 구축한 복잡하고도 현란한 사유의 세계가 예수의 비유 속에서 어떻게 녹아들어 있는지를 알아차리는 기쁨도 누릴 수 있다. 예수의 비유 속에 담긴 급진적 의미를 이보다 잘 드러낼 수는 없을 것 같다.

| **김기석** 청파교회 원로목사

예수의 삶과 가르침은 기존 질서를 뒤집는 전복적 성격을 가지고 있었다. 『예수가 하려던 말들』에서 저자 김호경은 어느덧 익숙해진 예수의 비유를 새로운 방식으로 해석하고 그것을 현대 철학자들의 통찰과 연결시킴으로써, 예수의 복음에 담긴 하나님 나라의 희망이 오늘날에도 여전히 놀랍고 신선하고 도전적임을 보여 준다.

| **김정형** 연세대학교 연합신학대학원 종교철학 교수

차례

일러두기

1. 이 책에 인용된 성경은 표준새번역이다.
2. 마태복음에 나오는 단어인 하늘 나라를 하나님 나라로 대체하여 표기했다.

예수의 말에 대한 사람들의 반응은 환호와 공격으로 나뉘었
다. 일반 사람들은 예수의 새로운 가르침에 환호했다. 그들
은 지금까지 익숙하게 듣던 것과는 전혀 다른 말씀을 예수에
게서 들었다. 종교 지도자들의 가르침과는 다른 예수의 가르
침에 그들은 적지 아니 놀랐다. 물론 더러운 귀신을 쫓아내며
병자를 고치는 예수의 모습도 그들을 놀라게 했다. 예수는 자
신을 단지 쓸모없는 죄인일 뿐이라고 여기는 사람들에게 관
심을 가지고 그들을 회복시켰다. 사람들은 놀라고 또 놀라며
예수의 말을 새로운 교훈으로 받아들였다. 그리고 어느새 이
놀라움은 예수를 따르며 지지하는 환호 소리로 바뀌었다. 예
수가 있는 곳에는 수많은 사람이 있었다.

　　그러나 예수에게 환호만 있었던 것은 아니다. 일반 사람
들이 환호하는 만큼, 예수와 비교당했던 바리새인들과 서기
관들은 예수를 공격했다. 예수가 선포한 하나님 나라 이야기
는 그들이 알고 있는 것과 전혀 달랐기 때문이다. 그 이야기
는 단지 '다르다'는 말로는 표현할 수 없을 정도로 파격적이

었다. 그들은 예수가 지금까지 자신들이 지켜 온 질서를 무너뜨리려는 계략을 품고 있다고 생각했다. 그들에게 예수는 음흉한 선동가였다. 예수를 공격하고 저지하지 않는다면, 예수는 그들이 이룩한 모든 것을 부숴 버릴 것이 분명했다. 그들은 예수를 적으로 규정했다. 유대의 종교 지도자들은 어떤 세력과 손을 잡아서라도, 그것이 정치든 종교든 간에, 예수를 몰아내야 했다. 예수가 있는 곳에는 수많은 음모가 있었다.

예수를 환호하는 사람과 공격하는 사람 모두에게 예수는 진정으로 놀라운 사람이었다. 예수는 익숙한 것을 새로운 방식으로 뒤집었다. 이 놀라운 뒤통수의 정점에 있는 것이 예수의 하나님 나라 비유다. 하나님 나라는 하나님의 통치와 다스림을 의미한다. 하나님의 통치는 세상을 지배하는 왕의 통치와 대립하며 갈등을 일으킨다. 예수가 살던 당시 황제가 다스리던 로마의 통치는 제국적 질서를 대표한다. 제국적 질서는 힘에 의한 통치 체제다. 힘 있는 사람이 힘없는 사람을 지배함으로써 권력관계를 유지한다. 그리고 힘의 팽창을 목적으로 한다. 힘의 최고점에 있는 사람은 신의 대리자나 중개자로 자처하며 권력을 누리고 확장시킨다. 힘없는 사람들이 힘의 그물망에서 빠져나가는 것은 불가능하다.

그러나 예수가 선포한 하나님 나라는 다르다. 예수는 하

예수가 하려던 말들

나님 나라가 제국적이지 않다고 말한다. 하나님 나라에서는 하나님과 그의 백성 사이에 어떤 중개자도 필요하지 않다. 하나님의 통치는 각 사람에게 일어나는 사건이며, 그들은 하나님의 피조물로서 하나님 앞에 선다. 하나님은 그들 모두를 구원하며, 모든 사람은 제각각의 의미를 가진다. 그러므로 세상의 악함에 눌린 자들에게 하나님의 통치는 새로운 대안이며 희망이다. 세상의 질서와 가치가 만들어 낸 억압과 고난에서 벗어나게 하는 것이 하나님의 통치다. 예수 당시 유대인들은 고난 가운데 하나님 나라를 기대했다. 그들은 오랜 고난의 역사 속에서 자신들을 구해 줄 하나님의 통치를 염원했다. 그 통치는 한 번도 경험하지 못했고 본 적 없는, 그들의 조상을 통해서만 늘 전해 듣던 희망의 메시지였다.

예수의 사명은 하나님 나라의 희망을 선포하는 것이었다. 그 나라가 왜 희망인지, 어떠한 모양으로 오는지, 그곳에서 무엇을 해야 하는지를 전했다. 예수가 하나님 나라를 구체적으로 보여 줄 때, 그들의 희망도 함께 구체화되었으며, 그들의 삶은 달라졌다. 그러나 문제는 그들이 경험해 보지 못한 하나님 나라를 어떻게 설명할 것인가, 하는 데 있었다. 알지 못하는 것을 손에 잡힐 듯 보여 주어야 희망은 단단한 뿌리를 내릴 수 있다. 그렇지 않다면 희망은 한갓 뜬구름처럼 떠돌다 사라질 뿐이다. 그들이 오매불망 기다리던 하나님 나라를 설파하기 위해 예수가 선택한 도구는 '비유'다. 비유란 은유를 하나의 이야기로 확대한 것으로서 '은유적 이야기'라고 칭할 수 있다.

비유는 제대로 알려지지 않은, 혹은 좀 더 명확한 설명이 필요한 A를 매우 일상적이고 낯익은 B에 빗대어 이야기하는 방식이다. 예수는 이스라엘이 경험하지 못한 하나님 나라를 그들에게 보여 주기 위해서 무엇인가에 빗대어 설명해야 했다. 그러나 보지 못한 것을 알지 못하는 것에 빗대어 설명할 수는 없다. 그것은 어둠 속에서 한 발짝도 나아가게 할 수 없다. 예수는 그들이 보지 못한 무엇을 그들이 가장 잘 알고, 그들에게 매우 익숙한 이야기에 빗대어 설명한다. 예수는 하나님 나라라는 손에 잡히지 않는 개념을 그들의 일상적 삶의 모습에 빗대어 설명함으로써 하나님 나라를 구체화한다. 예수는 이 구체성 속에서 그들로 하여금 하나님 나라를 상상하게 했으며, 그 상상을 현실화함으로써 그들의 삶이 하나님 나라에 익숙해지도록 독려했다.

이때 하나님 나라 비유는 이스라엘 사람들에게 일상의 이야기로 다가왔다. 그들은 매우 쉽게 예수의 말씀에 귀를 기울일 수 있었다. 그러나 그 일상적이고 평범한 이야기들 속에 하나님 나라가 빗대어질 때, 하나님 나라는 그들의 규범을 넘어섰다. 어쩌면 그들의 놀란 반응은 당연하다. 예수의 하나님 나라 비유는 매우 낯익은 이야기에 매우 낯설게 다가오는 새로움을 덧입혔다. 이스라엘의 종교 지도자들도 지속적으로 하나님 나라를 이야기했지만, 그들의 하나님 나라는 새롭지도 놀랍지도 않았다. 그들의 하나님 나라에는 그들이 이미 너무도 잘 알고 있는 율법과 거룩함이 뿌리내리고 있었다. 귀에 딱지가 앉도록 듣던 이야기였다.

이스라엘 백성은 하나님 나라를 간절히 기다렸다. 하지만 그들은 점점 더 하나님 나라에서 배제된 채 척박하고 불안한 현실을 목도할 뿐이었다. 그러나 예수의 하나님 나라는 그들이 익히 듣던 하나님 나라와 달랐다. 기존의 생각을 완전히 뒤집었기 때문이다. 그 새로움과 놀라움은 현재와 다른 삶을 상상하고 희망하게 했다. 그들은 예수의 말에 환호할 수밖에 없었다. 그러나 사람들이 바리새인들의 선포와는 다른 하나님 나라에 열광할 때, 유대 종교 지도자들은 지금까지 지켜온 유대의 질서와 거룩함이 모욕당한다고 생각했다. 예수가 그 원흉이라면 그를 가만히 놓아둘 수는 없는 일이다. 예수의 하나님 나라가 자신들을 위협한다면, 백성이 그 말씀을 듣도록 내버려 둘 수 없었다.

놀라운 사람 예수는 하나님 나라를 통해서 그 시대의 모든 이에게 도전했다. 예수의 하나님 나라 비유는 모든 시대에 던지는 '도전'이다. 왕의 통치가 익숙하고 왕의 질서에 안주하는 사람들에게, 하나님 나라의 가치와 하나님의 통치가 무엇인지 새롭게 알려 주는 것이 하나님 나라 비유다. 하나님의 통치를 세상의 통치에 끼워 넣으려는 사람들에게, 하나님의 평화를 왕의 평화로 덮으려는 사람들에게, 하나님의 임재와 통치가 드러나는 일상이 어떤 것인지를 알려 주는 것이 하나님 나라 비유다. 하나님 나라 비유는 평범한 일상의 이야기를 통해 한 번도 경험해 보지 못한 새로운 세계로 우리를 이끄는 관문이다. 예수의 비유는 새롭고 놀랍다.

그런데 더 놀라운 사실은 우리에게 이 비유가 더 이상 놀랍지 않다는 것이다. 비유는 놀랍지 않고 그저 어려울 뿐이다. 비유의 어려움은 하나님 나라를 경험해 보지 않았다는 데서 오지 않는다. 하나님 나라를 빗대어 설명하는 1세기 팔레스타인의 일상이 낯설기 때문에 비유가 어렵게 느껴지는 것이다. 그들에게 쉽게 접근하기 위해서 예수가 사용한 그들의 일상은 우리에게 매우 낯설다. 그 낯선 이야기들이 섞여 있는 비유가 어려운 것은 당연하다. 그럼에도 불구하고 우리는 익숙한 방법으로 하나님 나라를 사고하고 익숙한 가치로 하나님

예수가 하려던 말들

나라를 설명하면서 그 비유를 아무렇지 않게 풀어낸다. 그래서 비유가 더 이상 새롭지 않은 것이다. 어느 순간 우리는 비유를 통해 도전을 받을 수 없게 되었다. 이것이 이 책을 쓰게 된 이유다.

예수 당시의 사람들이 뒷목을 잡을 만큼 놀랐던 이야기에 나는 왜 놀랄 수 없는가? 이것이 비유에 대한 관심의 첫걸음이었다. 수많은 비유 설교를 들으면서 나는 놀란 적이 거의 없다. 비유에 대한 해석들은 단지 자본주의적 희망만을 쓸어 담기에 급급한 것처럼 보였다. 비유는 우리의 탐욕을 토닥거려 줄 뿐이었다. 어디서든 부자가 되는 수백 가지 방법을 들을 수 있는 세상이 아니던가! 예수가 이와 같은 이야기를 했으리라고 생각하기 힘들었다. 다시 예수에게로 돌아가 그 이야기를 듣고 싶었다. 예수의 찰진 비유를 듣고 놀랐던 그 사람들을 이해하고 싶었다. 그들처럼 놀라고, 그들처럼 고민하며, 하나님 나라를 희망하고 싶었다. 그들처럼 도전받고 싶었다.

몇몇 비유에 관한 논문을 쓰기는 했지만, 더 나이가 들기 전에 비유를 전체적으로 다루는 수업을 하고 싶다는 생각을 늘 가지고 있었다. 오랫동안 수업을 준비하면서, 여러 학자의 다양한 생각들이 나를 자극했다. 새로운 이해들을 접할 때마다 놀랍기도 했고 아쉽기도 했다. 나의 생각을 수정하기도 했고 저자들의 생각을 나름 재해석하기도 했다. 마침내 수업을 통해 한 학기 동안 학생들과 비유를 다루면서 생각을 더욱 다듬을 수 있었다. 그리고 언젠가 이것들을 책으로 묶었으면 좋겠다는 생각은 최병인 대표의 의지 덕분에 앞당겨졌다. 원고를 정리하며 철학적 사고를 덧붙였다. 비유의 내용과 철학을 연결하는 것은 매우 조심스러운 일이지만, 이는 비유가 가진 신앙적 의미를 철학적으로 확장하려는 시도다. 이 역시 오랫동안 해 보고 싶었던 작업이다.

전체적인 작업은 사실 단순하지 않았다. 사복음서에서 예수의 비유 자체를 걸러 내는 일은 생각보다 복잡했다. 예수의 비유와 복음서 전체 문맥, 동일한 비유에 대한 복음서들 사이의 차이 등을 얼마나 설명해야 할지 고민스러웠다. 우선 책의 목적은 비유의 내용과 의미를 지금 이 시대에 알맞게 전하는 데 있다. 문체는 쉬운 말로 된 수필 형식을 택했다. 그러므로 이 책에서 일일이 복잡한 신학적 과정을 설명하거나 다양한 주장을 소개하지는 않았다. 현재 성경에 있는 예수의 비유 형태를 중심으로 본문을 잡았고, 비유가 있는 문맥의 이야기는 필요한 경우로 최소화했다. 이 책이 비유의 새롭고 놀라운 의미를 보여 준다는 면에서 독자들에게 즐거움을 주고, 그 즐거움이 독자들을 비유에 대한 보다 깊은 관심으로 이끄는 다리 역할을 했으면 좋겠다. 나의 글을 기다려 주신 독자들께 깊이 감사드린다.

1. 눈이 열리다

"하나님 나라는 좋은 진주를 구하는 상인과 같다. 그가 값진 진주 하나를 발견하면, 가서, 가진 것을 다 팔아서 그것을 산다."

마태복음 13:45-46

예수가 이 땅에서 선포한 말씀을 "때가 찼다. 하나님의 나라가 가까이 왔다. 회개하여라. 복음을 믿어라"(막 1:15)라는 말로 요약할 수 있다. 이 말씀은 두 가지 내용을 담고 있다. 하나는 하나님 나라가 곧 올 것이라는 고지다. 예수는 그토록 기다리던 하나님 나라가 매우 빠른 시기에 임할 것이라고 말한다. 이 얼마나 희망 가득한 이야기인가. 아마도 이 말씀은 당시의 사람들에게 '고생 끝'과 같은 의미를 지녔을 것이다. 그들은 자신들이 겪은 수많은 고난과 절망을 몰아내는 새 시대를 기대했을 것이다. 그러나 예수는 단지 하나님 나라의 도래만을 고지하지 않았다. 이어지는 말에서 예수는 또 하나의 내용을 첨부한다.

하나님 나라가 온다면, 혹은 하나님 나라가 올 때, '무엇을 해야 하는지'에 관한 내용이다. 예수는 그들에게 회개와 복음에 대한 믿음을 요구한다. 하나님 나라가 온다고 일이 끝나는 것은 아니다. 하나님 나라가 하나님의 통치라면, 하나님 나라의 도래는 하나님의 일이다. 하나님의 통치는 절대적으로 하나님의 주권을 바탕으로 이루어진다. 하나님이 원하는 때와 장소에서 하나님이 통치할 것이다. 이 절대 주권을 건드리면서 하나님 나라를 이야기하는 것은 어불성설이다. 그렇다고 하나님 나라 앞에서 인간이 할 수 있는 일이 아무것도 없다는 뜻은 아니다. 우리에게도 분명히 해야 할 일이 있다.

예수는 '회개하라'는 말로 우리가 무엇을 해야 하는지를 가르쳐 준다. '회개'는 '돌이킴'이다. 이는 단순히 눈물과 콧물을 흘리며 잘못을 비는 행위가 아니다. 회개는 지금까지와는 전혀 다른 길을 가겠다는 방향 전환이다. 이 방향 전환을 위해서 지금까지 자신이 무엇을 위해서, 어떻게 살아왔는지를 먼저 돌아보아야 한다. 어디 있었는지를 알아야 어디로 방향을 바꿀 것인지를 알 것이 아닌가. 이러한 맥락에서 회개의 첫걸음에는 철학에서 말하는 **에포케**epoche가 있다. 에포케는 '정지, 중지, 중단'을 의미하는 단어로서 판단중지를 요구한다. A를 원인으로 한 B라는 결과가 있다고 할 때, 에포케는 여태껏 당연하게 생각해 온 사고의 연결고리를 일단 멈추고, "정말 그게 옳은 걸까?"라는 의문을 던지게 한다. 지금까지의 삶에 의문을 던지는 것이다.

에포케는 자신이 옳다고 여겨 온 일과 그로 인해 누렸던 권리와 힘, 혹은 어쩔 수 없이 당했던 고통과 불의, 이 모든 것을 찬찬히 들여다보게 한다. 당연하게 여겼던 것들, 아무 의심 없이 따라가던 것들에 대한 판단중지는 새로운 대상에 접근하기 위한 첫걸음이다. 임박한 하나님 나라를 앞에 두고 판단중지의 필요성이야 더 말할 필요가 있을까? 하나님 나라는 당연하게 여겨 온 왕의 통치에 의문을 제기하게 만든다. "그것이 과연 옳은가, 그래야 했는가"라는 질문을 갖게 한다. 지금까지의 삶에 대한 이 전적인 물음이 '회개'다. 하나님 나라를 가리켜 우리가 경험하지 못한 새로운 세상이라고 할 때, 그 신세계에 들어가는 첫 관문이 바로 회개다.

'회개하라'가 그 익숙함으로부터의 돌이킴이라면, '복음을 믿어라'라는 선언은 방향 전환의 목표이며 에포케를 통해서 새롭게 대면하는 현실이다. '복음'의 의미는 기쁜 소식이다. 당시 사람들에게 복음은 매우 익숙한 단어였다. 일반적으로 기쁜 소식이란 왕의 탄생이나 왕의 즉위를 뜻하는 말이었다. 그러므로 복음이라는 단어보다는 복음의 내용이 중요하다. "무엇이 나에게 기쁜 소식인가"를 물어야 한다. 왕의 통치에 익숙한 사람들에게는 새로운 왕의 탄생이 복음이었겠지만, 이제 예수는 새로운 복음을 이야기한다. 하나님 나라와 함께 도래한 복음은 곧 '하나님 나라의 복음'이다. 하나님의 통치를 받아 과거와 다른 삶을 살고 싶다면 그 복음을 믿어야 한다.

예수가 전한 수많은 이야기를 "때가 찼다. 하나님의 나라가 가까이 왔다. 회개하여라. 복음을 믿어라"(막 1:15)로 요약할 수 있다면, 하나님 나라를 전하는 비유의 내용도 명확하다. 하나는 하나님 나라가 어떤 곳인가, 하는 내용이고 다른 하나는 하나님 나라에서 무엇을 할 것인가, 하는 내용이다. 예수는 비유를 통해서 하나님 나라를 설명하며 하나님의 통치 아래 어떻게 새로운 삶을 살아야 할 것인지를 가르친다. 비유의 목적은 분명하다. 예수는 비유를 통해서 한 번도 경험해 보지 못한 세계로 우리를 이끈다. 그러므로 이때 주의해야 할 사항이 있다. 하나님 나라에 '빗대어 말해지는 것'은 일종의 수단이지 목적이 아니다. 그런데 우리는 하나님 나라에는 관심이 없고 빗대어지는 그것에만 눈길을 줄 때가 있다. 마치 달을 가리키는 손가락에만 매혹되는 어리석은 사람들처럼 말이다.

비유를 은유적 이야기라고 할 때, **은유**metaphor는 '뒤에, 넘어서'를 의미하는 '메타'라는 전치사와 '나르다, 데려가다'를 의미하는 동사가 합성된 단어다. 은유는 어떤 사물이나 대상을 다른 것으로 보게 하면서 그 뒤에 가려진 의미로 청자를 데려간다. 그러므로 비유를 읽을 때는 겉으로 그려 내고 있는 것에 관심을 두기보다 비유 뒤에 있는 이야기에 집중해야 한다. 빗대어 말해지는 것 자체에 목적이 있지 않기 때문이다. 비유의 목적은 듣는 이로 하여금 빗대어 말해진 것으로부터 벗어나 가려진 의미를 찾아가게 하는 데 있다. 비유를 의미하는 헬라어 '파라볼레'는 '옆에'를 뜻하는 전치사 '파라'와 '놓다, 던지다'를 뜻하는 동사의 합성어로서, '옆에 놓인 어떤 것'을 의미한다. 비유의 핵심은 표면적으로 가리키는 그것을 볼 것인가 아니면 그것이 이끄는 보이지 않는 세계를 찾을 것인가, 하는 문제에 놓여 있다.

예수는 하나님 나라를 좋은 진주를 구하는 상인에 비유했다. 귀한 진주를 발견한 한 상인이 가진 것을 전부 팔아서 그 진주를 사는 내용이다. 여기에 사용된 '상인'이라는 단어를 보면, 그는 소매상보다는 도매상 정도의 규모를 갖춘 사람으로 추정할 수 있다. 그는 아마도 좋은 진주를 찾으러 직접 나서기도 했을 것이며 자신에게 좋은 진주를 가지고 오는 사

　　　　　　　　　　　　예수가 하려던 말들

람들과 거래를 하기도 했을 것이다. 그는 분명히 좋은 진주를 얻기 위해서 할 수 있는 충분한 노력을 기울였을 것이다. 하지만 이러한 노력을 그 사람만 한 것은 아닐 테다. 수많은 진주 상인들이 좋은 진주를 얻기 위해서 동일한 노력을 기울였을 것이다.

그렇다면 그가 자신의 모든 것을 걸고 사들일 만큼 좋은 진주를 발견했다는 것은 무슨 의미일까? 과연 이 진주는 누구든지 의심 없이 모든 것을 걸 만큼 눈에 띄는 거대한 진주였을까? 다른 상인들은 이 진주를 보지 못했고, 비유 속 상인이 이 진주를 본 첫 번째 사람이었을까? 이러한 확률은 얼마나 될까? 세상에 딱 하나뿐인 진주를 내가 발견할 수 있는 가능성 말이다. 얼마나 피땀을 흘리며 노력해야 이런 진주를 발견할 수 있을까? 어쩌면 내가 아직 진주를 발견하지 못한 것은 순전히 나의 게으름 때문이 아닐까? 이런 질문들은 비유를 듣는 사람들을 절망과 자책으로 몰아넣는다. 진주를 발견하지 못한 책임이 마치 상인에게 있는 것처럼 말하기 때문이다.

하지만 이 짧은 은유 이야기는 무수히 많은 상황을 그려준다. 진주를 찾아 나선 수많은 사람들, 오랜 시간 여러 곳을 다니며 만났던 수많은 진주들, 진주의 가치를 매기며 갈등했을 수많은 시간들…. 진주가 아니더라도 우리가 살면서 겪는 수많은 사건은 비유 속 상인의 여정과 많이 닮았다. 이제야 발견한 아름다운 진주는 아마도 어제는 그냥 지나쳤을 그 진주였던 것은 아닐까? 어떤 상인이 이리저리 살펴보다가 내 앞에 두고 간 그 진주였던 것은 아닐까? 이 진주는 노력의 결과로 비로소 얻게 된 진주가 아니다. 열심히 찾아다닌다고 해서 좋은 진주를 얻을 수 있는 것이 아니다. 진주를 발견하는 것은 언제나 일종의 행운이다. 진주는 우연한 기회에 발견된다.

그러므로 이 비유를 사용해 진주를 찾을 때까지 끝없이 노력하라고 부추긴다면, 결코 우리는 진주를 발견하는 기쁨에 다다르지 못할 것이다. 비유는 진주를 사러 다녔던 지난한 과정을 상상하게 하며, 그 속에서 무엇을 찾아다녔는지를 묻게 만든다. 무엇을 위해서 이토록 고된 삶을 견뎌냈는가? 이 질문은 우리를 에포케의 순간으로 이끈다. 모든 판단을 중지하고 새로이 보게 된 그 순간에 진주는 자신의 얼굴을 내밀며 반짝거린다. "나는 예전부터 여기에 이렇게 있어요" 하고 말이다. 이 에포케는 바로 눈이 떠지는 순간이다. 세상이 다르게 보이는 순간이다. 다시 시작할 수 있다는 희망이 생기는 순간이다.

그러나 상인이 발견한 진주는 사실 재산을 다 팔아서 살만큼 대단한 진주가 아니었을 수도 있다. 이 상인이 도매상이

예수가 하려던 말들

었다고 한다면, 이 사람의 재산은 상당했을 것이다. 누군가 그에게 이 정도 진주 때문에 전 재산을 팔 필요는 없다고 조언해 주었을 수도 있다. 우리의 자본주의적 계산으로 볼 때, 상인은 아무래도 섣부른 판단을 한 듯 보인다. 진주의 실제 가격과 이 상인의 재산을 저울질해 보면, 그의 선택이 어리석었을 수도 있다. 그러나 그의 선택이 판단중지 이후의 선택이라면, 저울질은 무의미하다. 이제 이 상인은 새로이 눈을 떴다. 진주는 이전의 가치를 무효화하며 전혀 새로운 곳으로 상인을 인도할 것이기 때문이다.

만일 누군가 "그 사람 아무짝에도 쓸모없는 진주에 전 재산 걸었다 망했잖아!"라는 뒷담화를 늘어놓는다고 할지라도, 상인은 후회하지 않을 것이다. 그는 새로운 곳으로 갔기 때문이다. 상인이 발견한 진주가 그를 부자로 만들어 줄 것이라고 생각했다면, 이 비유를 오독한 것이다. 상인은 부자가 되는 방법을 택한 것이 아니라, 전혀 가 보지 않은 길로 들어섰다. 그의 눈을 열어 준 새로운 빛이 있는 곳으로 말이다.

이렇듯 수없이 지나쳐 버린 사람들과 진주들 속에서, 모든 것을 걸 만한 새로운 진주를 발견한 사람의 에포케는 성경에서 낯설지 않은 이야기다. 아브라함과 사라의 조급함 때문에 아브라함의 아내가 된 하갈의 이야기도 이와 유사하다.

사라의 권유에 따라 하갈은 아브라함과의 사이에서 아들 이스마엘을 낳았지만, 그녀는 사라의 집에서 평안할 수 없었다. 더욱이 이삭이 태어난 후에 그 고통은 이루 말할 수 없었다. 결국 하갈과 이스마엘은 아브라함의 집에서 나왔고 광야에 이르렀다. 물은 떨어졌고, 아이의 목숨이 위태로운 상황에서 하갈이 할 수 있는 것이라고는 하나님 앞에서 울부짖는 것뿐이었다.

하나님은 죽음 앞에서 두려워하는 하갈의 눈을 밝히셨고 그녀는 샘을 발견했다. 없던 샘이 갑자기 생겨난 것이 아니다. 있었지만 보지 못했던 샘, 이 샘 옆에서 갈증으로 죽어 가던 불쌍한 아들. 이 처참한 상황에서 하갈의 눈은 밝아졌다. 죽음의 공포와 두려움 속에 있던 하갈은 이제 밝은 눈으로 샘을 보게 되었다. 그녀는 가죽 부대에 샘물을 담아 아이에게 먹였다. 하갈과 아이는 모두 살았다. 그들은 아브라함과 사라를 떠나 새로운 삶을 살게 되었다. 하갈은 밝아진 눈으로 자신 앞에 열려 있는 삶의 길을 갈 수 있었다. 집을 나와 들어선 광야는 죽음의 길이었다. 그러나 이제 광야는 그들에게 생명의 길이 되었다. 그 길에 이스마엘과 함께하시는 하나님이 있다. 눈이 열리니, 죽음이 생명으로 바뀌었고 통곡은 멈추었다.

하나님 나라는 이와 같다. 왕의 통치에서 보지 못한 것들,

지나쳐 버린 것들, 가치 없다고 여겼던 것들, 혹은 대단하다고 여겼던 것들. 이 모든 것에 각각의 빛을 던지며 새롭게 볼 수 있는 눈이 하나님 나라에서 열린다. 이 열린 눈으로 하나님의 통치를 받는다면, 이전의 모든 것은 빛을 잃고 새로운 의미를 얻게 될 것이다. 마치 죽을 것 같던 상황도 자신을 죽일 수 없다는 것을 알게 된다. 열린 눈으로 진주를 발견한 상인도 그랬을 것이다. 그는 더 이상 진주를 찾아 떠돌아다니지 않을 것이다. 그는 하나님과 함께하는 새로운 삶을 찾았다. 그가 발견한 것은 진주가 아니다. 바로 생명이다. 진주가 가져오는 풍요로움이 아니라, 하나님이 주시는 생명 안에서 그의 삶이 펼쳐질 것이다. 모든 것을 판 그가 얼마나 즐거운 삶을 살게 되었을지 궁금하다!

2.   터를 잡다

"하나님 나라는 마치 밭에 숨겨 놓은 보물과 같다. 사람이 그것을 발견하면, 제자리에 숨겨 두고, 기뻐하면서 집에 돌아가서는, 가진 것을 다 팔아서 그 밭을 산다."   마태복음 13:44

앞에서 다룬 '진주 상인 비유'는 종종 '진주 비유'로 불린다. 대부분의 비유에는 간단한 제목이 붙어서 비유의 내용을 암시적으로 전달한다. 그런데 오히려 이 제목들이 비유를 오해하게 만들기도 한다. 진주 비유라는 제목도 그렇다. 비유의 목적이 빗대어진 것을 통해서 그 뒤에 있는 것으로 나아가게 한다는 사실을 기억한다면, 이 제목은 우리의 발목을 잡는다. 진주라는 제목은 빗대어진 그것, 곧 진주를 떠나지 못하게 하기 때문이다. 우리는 진주의 영롱함을 차마 버릴 수 없다. 우리는 하나님 나라가 진주이길 바란다. "그 진주는 당신 것입니다"

라는 속삭임은 진정으로 비유를 읽는 즐거움이기도 하다.

하지만 명확하게 말하면, 이 비유는 진주 비유가 아니다. 진주에 관한 이야기가 아니라 진주를 찾아다니는 상인에 관한 이야기다. 비유에는 애초에 잘못된 제목이 달려 있다. 이 잘못된 제목은 하나님 나라에 대한 오해를 불러일으키기도 한다. 진주에 사로잡혀 그것을 발견한 순간의 에포케와 직면하지 못하면, 하나님 나라는 진주 너머로 나아갈 수 없다. 하나님 나라가 진주로 상징되는 물질적 풍요로 넘쳐흐른다면, 진주를 위해서 가진 모든 것을 파는 것은 그리 어려운 일도 아니다. 진주 비유라는 제목은 마치 보증된 주식처럼 우리를 유혹하는 힘이 있다.

그러나 진주 상인 비유라는 제목은 이러한 유혹을 그나마 뿌리칠 수 있게 한다. 초점이 '상인'에 있고 '진주'에 있지 않기 때문이다. '상인'으로의 전환은 자신이 발견한 진주가 진정으로 가치가 있는 것인지 고민하며 스스로 결단하고 책임지는 사람과 직면하게 한다. 발견한 진주가 다른 이들의 기대에 못 미치는 것이라고 한들, 혹은 그것이 진주가 아니라고 한들, 그것은 중요하지 않다. 이 비유에서 진주 상인을 만난 사람이라면 진주 상인이 직면했던 판단중지의 순간을 같이 경험하며 자신의 삶에서 결단의 순간들을 돌아볼 것이다. 그리고 이제 자신에게 놓인 수많은 에포케의 순간을 통해서 삶에 숨겨졌던 것을 찾을 것이다. 그러다가 어느새 그는 하나님 나라도 찾게 될 것이다.

그리고 삶의 어느 순간에 더 이상 주저하지 않고 선택하고 결단하는 순간들이 올 것이다. 늘 망설이기만 하고 놓쳤던 순간들이 자신의 삶에 뿌리내리는 것을 경험하게 될 것이다. 어떤 진주 상인이라도 볼 수 있는 곳에 있었지만, 자신만이 그것을 발견한 기쁨을 누릴 수 있을 것이다. 수많은 상인이 지나쳐 버린 그곳에서 말이다. 늘 그곳에 있었고, 모든 사람이 그것을 볼 수 있었다는 면에서, 달라진 것은 없을지 모른다. 그러나 모든 것이 변했다. '내'가 그것을 발견했기 때문이다. 그것을 자신의 진주로 만들 것인가, 말 것인가, 그 에포케의 순간을 건널 때, 나는 진주라는 유혹으로부터 벗어나 삶을 찾아 나서는 주체적 존재가 된다. 내가 비로소 주체로 존재하는 그 순간, 나는 진주에서 벗어나라는 비유의 진정한 의미를 듣게 된다.

주체가 된다는 것은 '자기 자신'이 된다는 뜻이다. 그러나 모든 인간이 누구나 자기 자신으로 살 수 있는 것은 아니다. 인간은 다양한 관계들 속에 존재한다. 그 관계들은 얽히고설키면서 인간을 흔들고 자기 자신으로 살 수 없게 만든다. 더

예수가 하려던 말들

욱이 어려운 것은 인간을 둘러싼 관계의 범위다. 관계는 단순히 사회적 범주에만 한정되지 않는다. 철학자 키에르케고르 Søren Kierkegaard는 그 관계의 폭을 확장시킨다. 그는 '인간은 무한과 유한, 시간적인 것과 영원한 것, 자유와 필연의 종합이며 또는 종합이라는 관계'라고 말한다. 인간을 둘러싼 관계는 보이는 것과 보이지 않는 것을 포함한다. 그러므로 이러한 관계가 평형과 균형을 이룬다는 것은 실로 어렵다. 이 관계는 저절로 이루어지지 않는다.

다양한 관계들이 어긋난 것을 인지했다면, 인간은 스스로를 더 나은 상태에 이르게 하고자 부단히 노력해야 한다. 이러한 노력을 통해 인간은 타인에게 휘둘리지 않으며 스스로 균형을 이룬 평안한 관계에 도달할 수 있다. 스스로 이러한 관계에 도달하고자 움직일 수 있다면, 그는 주체로 행하는 자며 자기 자신으로 사는 자다. 그러므로 인간은 언제나 현재 자신을 흔드는 불안정한 처지에 대처하면서 보다 나은 상태가 되기 위해 애써야 한다. 인간은 스스로 종합 관계에 대해 반성하며, 변혁적으로 대처함으로써 자기 자신이 되며, 또한 신 앞에 선다. 인간은 누구나 인간으로 태어난다. 하지만 모두가 자기 자신으로서 신 앞에 서는 것은 아니다.

진주 상인 비유와 쌍둥이 비유라고 불리는 '숨겨진 보물 비유'도 이처럼 자기 자신이기로 결단한 사람의 이야기를 우리에게 들려준다. 예수는 하나님 나라를 밭에 숨겨 놓은 보물에 비유한다. 보물을 발견한 어떤 사람이 그것을 제자리에 숨겨 두고 기뻐하며 재산을 전부 팔아 그 밭을 산다는 내용이다. 진주 비유보다는 조금 더 복잡한 내용이 담겨 있다. 이 비유는 하나님 나라를 사람이 아닌 보물에 비유한다. 보물이 주는 마력이 하나님 나라에 매우 유혹적으로 다가오지만, 이 비유에 나오는 보물의 함정은 '숨겨져 있다'는 데 있다. 만일 숨겨져 있는 보물이 발견되지 않는다면, 이 보물은 아무 의미가 없다. 그러니 이 숨겨진 보물 비유의 초점은 보물이 발견되는 과정과 보물을 찾는 사람에게로 옮겨 간다.

하나님 나라는 진주처럼 드러나 있기도 하고, 보물처럼 숨겨져 있기도 하다. 중요한 것은 이것을 발견하는 사람의 태도와 결단이다. 그런데 진주를 발견한 사람이 '가서, 가진 것을 팔고, 진주를 산 것'과는 달리, 보물을 발견한 사람에게는 발견하고 재산을 파는 것 사이에 '그것을 제자리에 숨겨 두었다'라는 말이 덧붙여진다. 그래서 이 비유에는 윤리적 문제가 따라붙는다. 고대 세계에서 보물을 땅에 묻는 행위는 특별한 일이 아니었다. 전쟁과 같은 위기 상황에서는 귀중품을 땅에 묻고 피난을 가는 경우가 종종 있었다. 보물이 묻힌 자신의 집으로 다시 돌아온 사람들은 보물을 다시 찾을 수 있었겠지만, 다시 돌아오지 못한 사람의 집에 숨겨진 보물은 누군가가 그것을 발견할 때까지는 아무도 모르게 버려져 있었다.

이 비유의 경우, 어떤 이유로 그 밭에 보물이 묻혔는지, 그것이 누구의 것인지, 보물에 관한 어떠한 정보도 알 수 없다. 그러나 자기 것이 아닌 물건을 얻게 되었을 때, 우선은 그 물건의 주인을 찾아 주어야 한다. 물건의 주인을 알게 되면, 사람들에게 알리고 주인에게 물건을 돌려주어야 한다. 그러나 물건의 주인이 누구인지 알 길이 없다면, 그때는 찾은 사람이 그 물건을 소유할 수 있다. 비유에서 보물을 발견한 사람이 그것을 그대로 숨겨 두고 밭을 산 것을 볼 때, 그 보물은 그 사람의 것이 아니고 그 밭도 그의 것이 아님이 분명해진다. 그는 밭주인의 종도 아니었을 것이다. 그가 밭주인의 종이었다면 그 종이 발견한 보물은 그 주인의 것이 되기 때문이다.

그는 아마도 누군가의 밭에서 일을 하다가 우연히 보물을 발견했을 것이다. 그렇다면 그는 보물의 주인을 찾아 이 사실을 알려야 했다. 그러나 그는 보물을 제자리에 숨겼다. 이 비유는 표현상의 재미가 있다. 보물을 발견한 행동과 숨기는 행동이 동시에 일어났기 때문이다. 과거형으로 표현된 두 동사의 관계는 발견하면서 반사적으로 숨기는 일이 매우 순식

간에 일어나는 그림을 연상시킨다. 땅을 파다가 손에 잡힌 묵직함을 통해 이 사람은 아마도 자신의 손에 들어온 것이 심상치 않은 물건임을 직감했으리라. 그는 마치 보물을 발견하지 않은 것처럼 행동했다. 아마도 머릿속으로는 보물이 있던 자리를 기억하면서 누구도 알지 못하도록 꼼꼼하게 밭을 정리했을 것이다.

그사이에 에포케는 일어나지 않았다. "나는 무엇을 해야 하는가"와 같은 고민이 들어갈 틈이 없다. 긴박하게 연결된 이 두 개의 동사는 윤리적 판단을 어렵게 만든다. 지금 이 사람의 행동은 매우 불순하지 않은가? 예수의 비유에는 종종 윤리적으로 판단하기 어려운 내용이 있다. 등장인물들의 윤리적 기준과 관계없이 일상의 잣대로는 도무지 이해하기 어려운 상황들이 발생한다. 숨겨진 보물 비유는 매우 짧고 단순한 듯 보이지만, 이러한 걸리적거리는 문제를 넘어서기는 쉽지 않다. 이러한 경우, 비유에서 이야기하려는 속뜻을 나름대로 헤아릴 수밖에 없다.

'발견하다'와 '숨기다'를 과거형 분사와 과거형 동사로 연결한 후, 뒤따르는 동사들을 현재로 변환시킨 것에 비유의 함축적 의미가 있을 수 있다. 기쁨으로 집에 '돌아가다', 가진 것을 다 '판다', 그리고 그 밭을 '산다'에 나오는 동사들은 모두

예수가 하려던 말들

현재형이다. 비유는 시제의 변환을 통해서, 보물의 주인을 찾지 않는 사람의 음흉함에 빠지지 말고, 뒷이야기로 넘어가라고 종용하는 듯하다. 순식간에 일어난 발견과 숨김 사이에서 찾을 수 없는 에포케는 과거형 동사와 현재형 동사 사이에서 일어났을 것이다. 현재로 표현된 '가다, 판다, 사다'는 앞에 나온 '발견했다, 숨겼다'라는 과거와 분리되며, 이 시간의 차이를 통해서 숨겨진 에포케를 가늠하게 한다. '기쁨으로'도 '가다, 판다, 사다'와 연결된다.

이 사람은 얼떨결에 숨겨진 보물을 발견한 사람이다. 아마도 보물을 처음 숨긴 사람은 매우 깊이 보물을 숨겼을 것이기 때문에, 비유의 주인공이 다른 일꾼들에 비해서 훨씬 더 성실하게 밭을 갈았을 것이라는 해석은 오해일 수 있다. 일상적으로 품꾼들이 하는 밭갈이가 필요 이상으로 깊게 진행될 이유는 없었을 것이며, 그 밭을 거쳐 간 사람도 여럿이었을 것이다. 이 사람이 그곳에서 보물을 발견한 것은 개인의 성실함과 무관한 우연일 수밖에 없다. 그렇다면 우연히 발견하여 숨겨 놓은 보물 앞에서 이제 이 사람은 무엇을 해야 할 것인가? 그의 판단중지는 이때부터다.

돌아가는 길, 아마도 오만 가지 생각이 스쳤을 것이다. 보물이 주는 유혹은 다양하다. 그는 오늘 밤이라도 다시 그 밭으로 가서 보물을 몰래 찾아올 수도 있다. 아니면 그 집 주인에게 상황을 말하고, 사실은 그 주인의 것이 아닐 수 있는 보물을 그에게 고스란히 바칠 수도 있다. 전자는 마치 도둑 같아서 양심에 걸리고, 후자는 바보 같아서 속이 상할 것이다. 기쁨이 그의 마음을 뒤흔들어 놓는 내내 그의 선택은 자신의 모든 것을 파는 쪽으로 기운다. 일반적으로는 어리석은 판단일 수 있다. 자신의 재산과 그 보물의 가치를 견주어 볼 때, 자신의 모든 것을 판다는 것이 합리적인 해법이 아닐 수 있기 때문이다.

진주 상인의 선택도 마찬가지였다. 과연 그 진주가 자신의 모든 것을 팔 만큼의 가치가 있는가? 이에 대해 답할 수 있는 사람은 오직 그 진주 상인뿐이다. 보물을 찾은 사람도 마찬가지다. 보물을 가질 수 있는 다양한 방법 중 자신의 소유를 전부 팔아서 그것을 사는 것이 최선이었을까? 이에 대한 답도 오직 그만이 할 수 있다. 아마도 그들은 수없이 물었을 것이다. "과연 불가피한 일인가? 그 진주를, 그 보물을 꼭 가져야 하는가?" 이 모든 질문에 그들은 스스로 "그렇다!"를 외쳤다.

모든 재산을 팔아 보물을 사는 것을 후회 없다고 생각하며 실행한 순간, 그는 아마도 자기 자신이 되었을 것이며 자신을 둘러싼 불안전하고 불균형한 모든 관계가 새롭게 자리 잡는 것을 보았을 것이다. 기쁨은 이와 연결된다. 다른 이들의 선택에 눈치를 보고, 자신의 판단에 대한 다른 이들의 평가에 주눅 들던 시절은 이제 옛것이 되었다. 그는 비로소 자신이 원하는 삶을 스스로 선택하는 주체가 되었다. 주체로서 그가 한 일은 가진 모든 소유를 팔아 구입한 것이 무엇인지에서 분명하게 드러난다. 그가 구입한 것은 보물이 아니라 밭이다. 가진 것을 모두 팔았기에 그에게는 이 새로운 밭만이 있을 뿐이다. 그는 이제 이 밭에서 살아가야 한다. 이전의 밭은 그와 무관하게 되었다. 이 비유는 보물을 찾는 이야기가 아니라, 새로운 밭을 사는 이야기, 곧 삶의 터전을 바꾸는 이야기다. 중요한 것은 보물이 아니라 밭이다.

그는 스스로 자신의 삶을 바꾸었다. 숨긴 보물로 인한 불안과 삶의 불균형은 새로 산 밭에서 조화와 균형을 이루게 되었다. 그의 기쁨은 보물을 넘어선 새로운 선택에 있다. 이 비유에는 모든 재산을 팔았다는 희생의 개념도 별 의미가 없다. 내가 기쁨에 넘쳐 한 선택에 희생은 어울리지 않는 추임새 같은 느낌이 든다. 애벌레가 고치를 벗고 나비가 되는 과정을 '고치의 희생'이라고 부르지 않은 것처럼 말이다. 희생이라기보다는 스스로에게 하는 도전이다. 예수는 하나님 나라 앞에서 한 사람 한 사람을 세우고 도전한다. 그리고 묻는다. 어떻게 살았는지, 어떻게 살 것인지, 어떤 선택을 할 것인지, 그리고 과연 당신 자신으로서 세상을 살았는지…. 다른 사람에게 휘둘리지 않으며 스스로 조화를 이룬 주체라야 비로소 하나님 나라를 맛볼 것이기 때문이다.

3. 주체로 행하다

"하나님 나라는 이와 같다. 어떤 사람이 여행을 떠나면서, 자기 종들을 불러서, 자기의 재산을 그들에게 맡겼다. 그는 각 사람의 능력에 따라, 한 사람에게는 다섯 달란트를 주고, 또 한 사람에게는 두 달란트를 주고, 또 다른 한 사람에게는 한 달란트를 주고 떠났다. 다섯 달란트를 받은 사람은 곧 가서, 그것으로 장사를 하여, 다섯 달란트를 더 벌었다. 두 달란트를 받은 사람도 그와 같이 하여, 두 달란트를 더 벌었다. 그러나 한 달란트 받은 사람은 가서 땅을 파고, 자기 주인의 돈을 숨겼다. 오랜 뒤에, 그 종들의 주인이 돌아와서, 그들과 셈을 하게 되었다. 다섯 달란트를 받은 사람은 다섯 달란트를 더 가지고 와서 말하기를 '주인님, 주인님께서 다섯 달란트를 내게 맡기셨는데, 보십시오, 다섯 달란트를 더 벌었습니다' 하였다. 그의 주인이 그에게 말하였다. '착하고 신실한 종아, 잘했다! 네가 적은 일에 신실하였으니, 이제 내가 많은 일을 네게 맡기겠다. 와서, 주인과 함께 기쁨을 누려라.' 두 달란트를 받은 사람도 다가와서 '주인님, 주인님께서 두 달란트를 내게 맡기셨는데, 보십시오, 두 달란트를 더 벌었습니다' 하였다. 그의 주인이 그에게 말하였다. '착하고, 신실한 종아, 잘했다! 네가 적은 일에 신실하였으니, 이제 내가 많은 일을 네게 맡기겠다. 와서 주인과 함께 기쁨을 누려라.' 그러나 한 달란트를 받은 사람은 나아와서 '주인님, 나는, 주인이 굳은 분이시라, 심지 않은 데서 거두시고, 뿌리지 않은 데서 모으시는 줄로 알고, 무서워하여 물러가서, 그 달란트를 땅에 숨겨 두었습니다. 보십시오, 여기에 그 돈이 있으니, 받으십시오' 하고 말하였다. 그러자 그의 주인이 그에게 말하였다. '악하고 게으른 종아, 너는, 내가 심지 않은 데서 거두고, 뿌리지 않은 데서 모으는 줄 알았다. 그렇다면, 너는 내 돈을 돈놀이하는 사람에게 맡겼어야 했다. 그랬더라면, 내가 와서, 내 돈에 이자를 붙여 받았을 것이다. 그에게서 그 한 달란트를 빼앗아서, 열 달란트 가진 사람에게 주어라. 가진 사람에게는 더 주어서 넘치게 하고, 없는 사람에게서는 있는 것마저 빼앗을 것이다. 이 쓸모없는 종을 바깥 어두운 데로 내쫓아라. 거기서 슬피 울며 이를 가는 일이 있을 것이다.'"

마태복음 25:14-30

숨겨진 보물 비유를 읽다 보면, 이와 유사한 의미를 가진 비유를 찾을 수 있다. 바로 '달란트 비유'다. 사실 이 비유는 나

예수가 하려던 말들

에게 가장 어렵고 껄끄럽다. 이 비유에 대한 해석, '있는 자는 더 가질 것이고, 없는 자는 그 있는 것도 빼앗길 것'이라는 결론이 마치 많이 가진 자에게 더욱 많은 것을 욕망하도록 부추기는 것 같아서 마음이 편하지 않기 때문이다. 그래서 이 비유를 읽을 때마다 드는 의문이 있다. 주인의 칭찬은 어디까지 유효한가? 열심히 노력했지만 첫 번째나 두 번째 종만큼 남기지 못했다면, 혹은 오히려 적자를 기록했다면, 주인은 이 종에게 무슨 말을 했을까?

비유는 집을 떠나 멀리 여행을 가는 주인의 이야기로부터 시작된다. 주인은 세 명의 종에게 각각 달란트를 맡긴다. 주인과 세 명의 종에 관한 이야기지만, 첫 번째와 두 번째 종을 함께 묶을 수 있다. 그렇기 때문에 이 비유의 초점은 두 부류의 서로 다른 종을 대비시키는 데 있다. 주인이 종들에게 맡긴 '달란트'는 매우 큰돈이다. 한 달란트는 대략 6,000 데나리온에 해당한다. 한 데나리온이 당시 일용직 노동자의 하루 품삯이니, 한 달란트는 노동자가 대략 17년간 받을 품삯이다. 일반 사람들은 상상할 수 없는 어마어마한 돈이다. 다섯 달란트나 두 달란트는 더 말할 것도 없다.

예나 지금이나 돈은 인간의 욕망을 자극한다. 이 믿기지 않는 액수의 이야기를 들은 사람들의 반응은 어떠했을까? 그들은 아마도 거액의 돈을 거머쥐는 행복한 상상을 했을지 모른다. 더욱이 이 비유에는 주인이 종들에게 돈을 주었다는 이야기만 나오고 그 돈을 어떻게 사용하라는 다른 요구는 나와 있지 않다. 주인의 구체적 요구가 없으니 이 돈의 사용처는 청자 마음대로 상상해도 되는 것이 아닌가! 그렇다면 듣는 사람들의 마음속에는 어떠한 행복한 상상들이 일어날까? 누군가는 호화로운 집을 장만할 계획을 세우거나, 가고 싶은 곳을 마음껏 여행하는 자유를 상상할 것이다. 혹은 평생 먹을 것이 있으니 게으른 삶을 꿈꾸기도 할 것이다. 물론 마음에 담아 두었던 사업을 계획하는 사람들도 있으리라.

그러나 여기서 이런 상상에 제동을 거는 문구가 있다. '각 사람의 능력에 따라.' 주인은 종들에게 각각 다른 양의 달란트를 주었는데, 이는 그들의 능력에 따른 것이었다. 달란트는 무조건적으로 주어지지 않는다. 주인은 이미 종들의 능력을 알고 있고, 이에 맞추어 달란트를 지불한다. 비유를 듣는 사람들은 달란트라는 거액에 놀랐을 것이다. 하지만 능력에 따라 주어지는 것이라면, 그것이 달란트든, 데나리온이든, 혹은 므나든, 상관이 없다. 액수는 중요하지 않다. 액수가 중요하지 않다면, 달란트라는 거액이 주는 유혹을 벗어날 수 있다. 달란트의 유혹에서 벗어나야만 이 비유의 진정한 의미로 들어

　　　　　　　　　　　　　예수가 하려던 말들

갈 수 있다. 이때 비로소 사람들은 달란트가 아니라 자신들의 능력으로 눈을 돌린다. 그리고 이제 이 비유가 달란트에 관한 것이 아니라 삶에 관한 것이라는 사실을 깨닫는다. 이 비유는 손익이 아닌 삶의 방식에 관한 이야기다.

　돈을 주기만 하고 아무것도 명령하지 않은 주인이 떠난 뒤 종들의 삶은 제각각이다. 첫 번째와 두 번째 종은 '가서, 그것으로 장사를 하였다.' 여기서 '가서'와 '장사를 하였다'는 동시에 진행되는 상황이다. '가다'로 번역된 동사에는 단순히 왕래발착의 의미만 있지 않고 '행동하다, 살다'의 의미도 있다. 또한 그들이 받은 것을 두 배로 남긴 것을 보면 '장사했다'는 번역이 어울리기는 하지만, 원래 이 번역된 단어에는 '행하다, 일하다, 무언가를 하다' 등의 의미가 있다. 그러므로 이 두 동사의 의미를 염두에 두면, 첫 번째 종과 두 번째 종은 '주인이 준 돈을 가지고, 살면서, 그것으로 무언가를 했다.'

　이 종들의 모습은 모든 것을 팔아서 밭을 산 사람과 다르지 않다. 그가 새로운 밭에서 자신의 삶을 시작한 것처럼, 주인이 준 달란트는 그들의 터전이 되었다. 물론 받은 달란트가 두 배로 늘어나는 결과를 얻었지만, 중요한 것은 그들이 '주인의 것'으로 살아 내고 있었다는 데 있다. 이 두 사람은 자신들이 주인에게서 받은 것으로 크든지 작든지 간에(다섯 달란트 받은 자에 비하면 두 달란트 받은 자는 얼마나 적게 받은 것인가!), 자신들의 삶을 꾸렸다. 주인의 것으로 산다는 것은 무엇일까? 주인이 부재한 동안에도 주인과의 관계를 유지하고 있다는 것이 아닐까? 주인이 준 것으로 삶을 누리면서 주인을 잊는다는 것은 불가능하기 때문이다.

그러나 세 번째 종은 달랐다. 한 달란트를 가지고 있던 종은 '가서' 땅을 '팠다.' 그리고 주인의 돈을 '숨겼다.' 여기에 사용된 '가다'라는 동사에는 '나가다, 떠나다'와 같은 정도의 의미만 담겨 있다. 단순히 그의 행위를 묘사할 뿐이다. 그는 한 달란트를 가지고 있었지만, 나가서 땅에 묻어 버렸다. 한 달란트는 땅에 묻을 정도의 어마어마한 보화다. 숨긴 보화 비유에서처럼, 귀한 물건을 땅에 묻어 보관하는 것은 당시에 낯설지 않은 풍경이었다. 그러나 숨긴 보물이 발견되지 않으면 의미가 없는 것처럼, 묻어 둔 달란트는 땅 속에서 의미를 잃는다. 세 번째 종이 땅에 한 달란트를 묻어 둠으로써 한 달란트와 그 사람 사이에는 아무 일도 일어나지 않았다. 그는 한 달란트로 살지 않았다. 그는 주인과 단절되었다. 그는 주인을 잊었다.

비유는 두 부류의 서로 다른 삶을 보여 준 뒤 각각의 종들을 돌아온 주인 앞에 세운다. 주인에게 받은 달란트를 두 배

예수가 하려던 말들

로 남긴 첫 번째 종과 두 번째 종은 주인의 큰 칭찬을 받는다. "잘했다, 착하고 신실한 종아! 네가 적은 일에 신실하였으니 이제 내가 많은 일을 네게 맡기겠다. 와서 주인과 함께 기쁨을 누려라." 주인은 그들에게 어떤 요구도 하지 않았지만, 주인이 준 것으로 산 그들의 시간은 신실하다는 평가를 받았고, 그들은 앞으로 주어질 더 많은 것을 약속받는다. 그러나 여기서 더욱 중요한 것은 그 착하고 신실한 종들에게 내린 주인의 명령이다.

주인은 그들에게 자신과 같은 기쁨을 누리라고 명한다. 종에게 있어서 주인의 기쁨에 참여하는 것 이상의 복은 없다. 이제 주인과 종의 관계는 사라지고 주인의 것으로 산 그동안의 삶은 주인과 하나 된 기쁨 속에 녹아든다. 이는 근본적으로 존재의 변화다. 고대 사회에서 종과 주인의 위계질서는 넘볼 수 없이 견고했다. 종은 기본적으로 주인의 재산 목록에 들어 있는 존재였다. 종을 인간으로 취급하는 일은 상상조차 할 수 없었다. 그런데 돌아보면, 이 주인은 종에게 상상 이상의 배려를 한다. 생각할 수 없는 큰돈을 맡길 뿐 아니라, 이에 대한 어떠한 요구도 하지 않는다. 주인은 그들에게 놀라운 믿음을 보인다.

그다음은 종들의 선택만이 남는다. 종들에게 허락된 것

은 자유다. 이 돈을 어떻게 쓸 것인가? 아무것도 요구하지 않은 주인은 이 종들에게서 무엇을 보고 싶었던 것일까? 아마도 **앙가주망**engagement이 아닐까? 앙가주망을 종종 정치 참여라는 의미로 사용하지만, 이는 부차적인 뜻이다. 철학자 사르트르J. P. Sartre가 앙가주망이라고 말할 때, 그것은 주체적으로 관계된 일에 참여하는 것을 뜻한다. 이는 그의 자유에 대한 이해와 관련이 있는 개념이다. 물체는 자신의 본질을 벗어날 수 없다. 하지만 인간은 자신의 의지로 본질에서 벗어날 수 있다. 인간의 인식과 의지가 인간에게 자유를 주기 때문이다. 그러므로 인간은 끊임없이 의식과 의지를 움직여야만 하는 존재다. 이렇게 자유의지를 약동하며 나아가는 것을 앙가주망이라고 부른다.

앙가주망은 진실하게 살기 위한 근원적 자세로서 '나는 어떻게 살아야 하는가?'라는 질문에 대한 답변이다. 앙가주망은 삶의 방향과 형태를 고민하는 사람들에게 자신의 행동과 이 세계에 대해 책임을 지라고 말한다. 나와 세계는 분리될 수 없기 때문이다. 나를 둘러싼 외적 현실은 나의 일부며, 나 또한 외적 현실의 일부다. 이것이 내가 세계에 대해 책임을 져야 하는 이유다. 우리는 살면서 나를 지키고 나를 통해서 세계를 일군다. 끊임없이 자기 자신이 되어야 하며 자기

예수가 하려던 말들

자신이 될 수 있는 세계를 만들어야 한다. 이것이 앙가주망을 고민하는 지점이다.

이 고민은 우리로 하여금 결국 매우 단순하고 중요한 사실에 이르게 한다. '내가. 지금. 여기. 있다'는 사실이다. 그리고 이 사실은 '내가. 지금. 여기서. 무엇을 할 것인가?'라는 질문을 유발한다. 그리고 이 질문은 '내가. 지금. 여기에. 무엇으로 있는가?', 곧 '나는 누구인가?'라는 질문으로 이어진다. 존재와 행위는 하나이기 때문이다. 주인은 그 큰돈을 주면서 그 무엇도 요구하지 않았다. 종들은 그 돈을 쓸 수 있는 무한한 자유를 부여받았다. 두 종의 앙가주망은 주인이 준 달란트로 살아가는 삶에서 드러났다. 이것이 꼭 정답이라는 법은 없다. 그러나 핵심은 이 삶의 태도가 주인을 만족시켰다는 사실에 있다.

주인의 만족은 그들의 위치를 변화시켰다. 그들은 주인의 기쁨을 함께 누릴 수 있는 존재가 되었다. 그들이 얼마의 돈을 받았는지가 중요하겠는가? 이미 주인과 하나가 되었다면, 돈은 문제가 아니다. 그들이 사용한 자유는 그들을 주인과 같이 자유로운 사람으로 만들었다. 종으로 살 때는 한 번도 누리지 못한 기쁨을 맛보게 된 것이다. 그러나 세 번째 종은 이 기쁨을 누리지 못했다. 그는 자신의 자유를 사용하는 법을 알지 못했다. 그 큰돈을 사용하는 것은 무섭고 겁나는 일이었으리라. 아마도 내가 품었던 것처럼, 실패에 대한 두려움이 발목을 잡았을지 모른다. 아무것도 하지 않는 것이 가장 안전한 일이라고 스스로 위안을 삼았을지 모른다. 그래서 그는 아무것도 하지 않았고, 그러므로 아무 일도 일어나지 않았다.

자유에 대한 그의 두려움은 주인에 대한 두려움과 잇닿아 있다. 그는 주인이 엄격하고 자비 따위는 없는 사람이라고 말한다. '심지 않은 데서 거두고, 뿌리지 않은 데서 모으는 사람'이라는 말은 주인을 매우 악독하고 뻔뻔한 사람으로 묘사한다. 주인이 그런 사람이라면, 이 세 번째 종이 무서워할 만하다. 그러나 그런 악한 사람이 어떤 조건도 없이 종들에게 큰돈을 주고 갔을까, 라는 의문이 든다. 그리고 만약 주인이 손 안 대고 코 푸는 사람이라면 주인의 말대로 이 종은 주인에게 이자라도 받을 수 있게 해야 하지 않았을까? 그가 주인을 무섭다고 한 이유와 그의 행위는 상응하지 않는다.

물론 주인은 이자까지 꼼꼼히 챙기려는 사람이 아니다. 부자에게 한 달란트에 대한 이자가 뭐 그리 중하겠는가. 이자에 대한 주인의 요구는 종의 핑계가 헛된 것임을 보여 준다. 주인의 말은 세 번째 종의 모순된 행동을 반박하며, 그 종의 악함을 드러낸다. 세 번째 종은 자신이 스스로 한 선택에 책

예수가 하려던 말들

임을 지려고 하지 않는다. 그는 모든 책임을 주인에게 떠넘겼을 뿐이다. 자신의 자유를 사용할 줄 모르고 자신과 그가 속한 세계에 대해 무책임했던 그는 있는 것까지 빼앗겼다. 앞의 두 종이 주인의 기쁨에 참여했던 것과 달리, 이 쓸모없는 종은 바깥 어두운 데로 내쫓긴다. 그는 거기서 슬피 울며 이를 갈 것이다. 주인의 집에 있던 세 번째 종은 쫓겨났다. 그는 주인과 상관없는 곳에서, 자신의 세계와 분리된 곳에서, 슬픔에 젖었다. 이는 자신의 자유를 제대로 사용하지 않은 대가였다.

4.   질문하고 고민하다

"너희는 어찌하여 나더러 '주님, 주님!' 하면서도, 내가 말하는 것은
실행하지 않느냐? 내게 와서 내 말을 듣고 그대로 하는 사람이 어떤
사람과 같은지를, 너희에게 보여 주겠다. 그는 땅을 깊이 파고, 반석
위에다가 기초를 놓고 집을 짓는 사람과 같다. 홍수가 나서 물살이
그 집에 들이쳐도, 그 집은 흔들리지 않는다. 잘 지은 집이기 때문이
다. 그러나 내 말을 듣고서도 그대로 행하지 않는 사람은, 기초 없이
맨 흙 위에다가 집을 짓는 사람과 같다. 물살이 그 집에 들이치면,
그 집은 곧 무너져 버리고, 무너진 피해가 크다."   누가복음 6:46-49

'나는 무엇을 할 것인가?'와 '나는 누구인가?'라는 질문은 동
전의 양면과 같은 하나의 문제다. 이에 관한 예수의 비유가
있다. "좋은 나무가 나쁜 열매를 맺지 않고, 또 나쁜 나무가
좋은 열매를 맺지 않는다. 나무는 각각 그 열매를 보면 안다.

예수가 하려던 말들

가시나무에서 무화과를 거두어들이지 못하고, 가시덤불에서 포도를 따지 못한다. 선한 사람은 그 마음속에 선한 것을 쌓아 두었다가 선한 것을 내고, 악한 사람은 그 마음속에 악한 것을 쌓아 두었다가 악한 것을 낸다. 마음에 가득 찬 것을 입으로 말하는 법이다"(눅 6:43-45). 열매는 그 나무가 어떠한 상태인지를 드러낸다.

나무와 열매의 관계는 정체성과 행함, 혹은 숨김과 드러남과 같다. 누군가 어떤 말을 하거나 행동을 하기 전에는 그가 누구인지 정확하게 드러나지 않는다. 그러나 그 사람이 입을 열고 손을 움직이는 순간, 그의 정체가 폭로된다. 그는 그렇게 말하고 행동하는 사람이다. 믿음도 마찬가지다. 우리는 상대방이 어떤 믿음을 가지고 있는지 알 수 없다. 물론 상대방의 믿음을 평가할 수도 없다. 그러나 그가 말하고 행동하는 순간, 그의 보이지 않던 믿음은 드러나며 그를 통해 나타나는 열매들로 그가 어떤 나무인지를 알게 된다.

특히 특정 상황에 대한 대처로서의 말과 행동은 분명하게 자신을 드러낸다. '반석 위에 집을 지은 사람의 비유'는 이를 보여 준다. 예수의 비유에는 비유 자체와 비유를 말하고 있는 정황이 밀접하게 관련된 경우가 종종 있다. 예수는 '주님, 주님!' 하면서도 행하지 않는 사람들을 꾸짖으며 이 비유를 말한다. 말과 행동이 일치하지 않는 사람들에 대한 예수의 질책은 다른 비유에서도 나타난다. 그것은 '좁은 문 비유'다. 구원을 받을 사람이 적은지 묻는 질문에 예수는 다음과 같이 말한다. "너희는 좁은 문으로 들어가기를 힘써라. 내가 너희에게 말한다. 들어가려고 해도 들어가지 못하는 사람이 많을 것이다. 집주인이 일어나서 문을 닫아 버리면, 너희가 밖에 서서 문을 두드리면서 '주인님, 문을 열어 주십시오' 하고 졸라도, 주인은 '너희가 어디에서 왔는지, 나는 모른다' 하고 대답할 것이다. 그 때에 너희가 말하기를 '우리는 주인님 앞에서 먹고 마셨으며, 주인님은 우리를 길거리에서 가르치셨습니다' 할 터이나, 주인이 너희에게 말하기를 '나는 너희가 어디에서 왔는지 모른다. 악을 일삼는 자들아, 모두 나에게서 물러가거라' 할 것이다"(눅 13:24-27).

예수의 이름을 부르지만 예수가 원하는 일을 하지 않는 것, 혹은 예수를 빙자하여 행하는 일에 대한 예수의 비난은 단호하다. 예수와 함께 있었다는 사실이나 예수에게서 가르침을 받았다는 사실이 그들의 구원을 보증하지는 못한다는 것이다. 예수는 들음과 행함이 일치하지 않는 모든 것을 가리켜 불의라고 말한다. 나쁜 열매를 맺는 좋은 나무는 없다. 나쁜 열매를 맺는 나무는 불의하며 나쁜 나무는 불의한 열매를 맺는다. 예수는 들음과 행함의 괴리를 극복하지 않으면 구원이 없다고 가르쳤다. "좁은 문으로 들어가기를 힘써라." 여기서 '힘쓰다'는 전쟁터에서의 싸움처럼 절박함과 처절함을 배경으로 한다. 들은 바대로 행하기 위해서 그야말로 피, 땀, 눈물을 흘리라는 말이다.

좁은 문으로 들어가는 것은 믿는 자의 선택이 아닌 의무다. 믿는 자라면 들은 바를 행해야 한다. 그것이 쉬운 일이든, 어려운 일이든, 구원을 받을 사람이 많든 적든, 그런 데 관심을 가질 이유가 없다. 예수는 '그에게 와서 그의 말을 듣고 그대로 행하는 사람'을 '땅을 깊이 파고, 반석 위에다가 기초를 놓고 집을 짓는 사람'에, '그의 말을 듣고서도 그대로 행하지 않는 사람'을 '기초 없이 맨 흙 위에다가 집을 지은 사람'에 비유한다. 전자의 집은 홍수가 나서 물살이 그 집에 들이쳐도 흔들리지 않을 것이지만, 후자의 집은 무너질 것이다. 집을 짓는 일은 동일해도 그 집이 어떠한 외부적 상황을 견뎌 낼 수 있는지는 다른 문제다.

예수의 말을 듣고 행하는 사람은 반석 위에 기초를 놓고 집을 짓는 사람이고, 예수의 말을 듣고 행하지 않는 사람은 기초 없이 집을 지은 사람이라는 비유적 표현을 따라가 보면, 열쇠는 '행함'에 있다. 반석 위에 놓인 기초가 있느냐 없느냐의 여부는 예수의 말을 듣고 행했는지, 혹은 듣기만 했는지에 따라 결정된다. 여기서 '행함'을 어떻게 이해하면 좋을까? 일 반적으로 우리는 '행하다'라는 동사를 통해서 무엇인가를 이룬 것, 혹은 완성형 상태의 어떤 결과를 상상한다. 집의 견고함을 드러낼 수 있는 행함은 매우 긍정적인 어떤 열매들의 축적이라고 생각한다. 그래서 모든 사람으로부터 인정을 받을 수 있는 것들을 삶에서 쌓아 가려고 노력한다.

그러나 과연 그것이 전부일까? 여기에 사용된 '행하다'는 인간이 하는 모든 행동을 매우 폭넓게 포괄한다. 성공과 실패, 실천과 사고, 준비와 결과, 이 모든 것이 행함의 연속이며 열매다. '행하다'를 구체적이고 긍정적 열매에만 한정할 필요가 없다는 말이다. 그러므로 이 비유에 나오는 '듣고 행하다'는 좁은 문 비유에 나오는 '힘쓰다'와 유사하다. 이는 모든 노력을 기울이는 것이며 사투를 벌이는 것이고 투쟁하는 것이다. 반석 위에 놓은 기초는 들은 말을 실천하기 위한 온갖 몸부림과 노력을 뜻한다. 이는 단순히 몇몇 열매로 축소되지 않는 삶의 전 과정이다. 이 행함에는 실패도 있고 좌절도 있다. 어쩌면 도망침도 있을 수 있다. 예수의 말씀을 붙잡고 번민하며 고뇌했던 모든 순간이 이 행함에 빼곡히 쌓여 있다.

보이는 성과가 없다는 이유로 행함이 없다고 단정 지을

예수가 하려던 말들

수 없다. 수많은 업적에도 불구하고 그리 세지 않은 비바람에 무너지는 집들도 많다. '행함'은 업적이 아니라, 투쟁하는 삶이다. 이는 달란트 비유의 칭찬받은 종들처럼, 주인의 것으로 살아 내는 과정이다. 그것은 한순간이 아니라 순간들의 연속이며 일상의 힘이다. 별 볼 일 없는 평범하고 일상적 삶 속에서 예수의 말로 인내하고 투쟁한 시간들이 '행함'이라는 이름을 얻는다. 이 애씀의 과정에서 우리는 철학자 칸트I. Kant의 물음을 던진다. '나는 무엇을 할 수 있는가?' '나는 무엇을 해야 하는가?' '나는 무엇을 바랄 수 있는가?' 이 세 가지 질문에 대한 답을 찾는 과정이 행함이다. 이는 좁은 문으로 들어가기를 힘쓰는 일이다.

인간은 매 순간, 자신이 하고 싶은 일과 할 수 있는 일, 그리고 해야 하는 일 사이에서 싸운다. 무엇을 선택하느냐에 따라서 결과는 달라진다. 누가 시키는 대로 행하는가? 어디서 배운 대로 행하는가? 어떤 기준에 따라 행하는가? 예수의 말을 들은 대로 행한다면, 예수의 사람이 될 터이지만, 예수의 말을 듣고 다른 기준에 따라 움직인다면, 그는 들은 대로 행하지 않는 사람이 될 것이다. 예수의 말을 듣고 다른 소망을 가진다면, 그는 기초 없이 맨 흙 위에다가 집을 지은 사람과 같다. 그가 쌓은 수많은 업적은 소리 없이 무너질 것이다. 그것은 모래성이기 때문이다.

　매일의 삶 속에서 하고 싶은 일과 해야 할 일, 그리고 할 수 있는 일을 선별해야 하는 무거운 과제에 직면할 때, 나는 종종 17세기 네덜란드 화가 베르메르J. Vermeer의 그림, 「우유 따르는 하녀」(1660년)를 떠올린다. 부엌 바닥에 놓인 발 데우는 기구부터 하녀의 옷에 나타난 색상들, 우유를 따르는 하녀의 절제된 솜씨에 이르기까지 이 그림에 대한 다양한 해석이 있다. 처음에 이 그림은 나에게 매우 평범한, 그저 별 것 없는 하녀의 모습으로 다가왔다. 그런데 어느 순간 그녀의 일상이 보이기 시작했다. 매일 아침 어김없이 식탁의 소박한 빵과 우유를 준비해야 하는 그녀의 시간들은 어떠했을까? 답답한 일상에서 도망치고 싶을 때, 그녀는 무엇을 할 수 있었을까? 우유를 따르며 그녀가 품었을 소망은 무엇이었을까?

　아무것도 알 수 없다. 하지만 중요한 것은 그녀가 매일 아침 이 모든 것과 싸우며 우유를 따른다는 데 있다. 참으로 대수롭지 않은 일이지만, 그림 속 그녀의 모습은 매우 정성스럽다. 우유를 따르는 것이 만들어 낸 결과는 그림에 드러나지 않는다. 그녀가 없다고 해서 식탁에 문제가 생길 것 같지도 않아 보인다. 고작 우유 한 잔이 아닌가! 우유를 따르는 일은 단지 그녀의 몫이고 그녀는 그 일을 행하며 자신의 일상을 꾸려 나갈 뿐이다. 여기에 화가의 의도가 담겨 있다고 생각한다. 그녀처럼 우리 역시 아무것도 아닌 일상을 살고 있다는 사실을 보여 주려던 것은 아닐까? 더 나아가 화가는 이 평범한 일상 뒤에는 언제나 수없는 갈등, 절망, 희망의 시간들이 있어서, 어쩌면 세상에는 평범한 시간이란 없음을 말하고 있는 것이 아닐까?

〈우유 따르는 하녀 The Milkmaid〉, Johannes Vermeer

〈진주 귀걸이를 한 소녀 The Girl with a Pearl Earring〉, Johannes Vermeer

또한 이 화가의 작품 중에는 그 유명한 「진주 귀걸이를
한 소녀」(1666년)도 있다. 이 강렬한 인상을 주는 작품은 '네
덜란드의 모나리자'로 불린다. 배경이나 소녀의 모습은 비교
적 단순하다. 그래서 더욱 이 소녀가 착용한 진주 귀걸이에
눈길이 가고, 과연 이 소녀가 누구일지에 대한 궁금증도 증폭
된다. 소녀의 정체는 알 수 없다. 동명의 소설과 영화는 이 소
녀를 하녀로 묘사하지만 말이다. 당시의 상황에서 진주 귀걸

예수가 하려던 말들

이는 일상이 아닌 일탈을 상징한다. 이는 평범한 소녀를 특별한 사람으로 만들어 주며 그녀에게 특별한 시간을 부여한다. 진주 귀걸이와 함께 그녀의 관능적인 입술과 당돌한 눈빛은 매우 도발적으로 보인다. 우유 따르는 하녀의 시선은 흘러내리는 우유를 향하지만, 진주 귀걸이를 한 소녀의 시선은 유혹하듯 우리를 향한다.

「우유 따르는 하녀」와 「진주 귀걸이를 한 소녀」는 매우 대조적이다. 전자가 누군가의 일상, 순간의 절망과 갈등을 덮어 둔 일상의 애씀을 보여 준다면, 후자는 일상이 멈춘 어느 한 순간, 애써 숨기지 않는 욕망을 보여 주는 듯하다. 「우유 따르는 하녀」는 내가 살아 내야 하는 현실이지만, 「진주 귀걸이를 한 소녀」는 내가 이르고자 하는 소망이다. 이 두 그림을 보다 보면, 다시금 묻게 된다. '나는 무엇을 해야 하는가?', '나는 무엇을 위해 애쓰고 있는가?', '나는 어디로 가고자 하는가?' 삶의 고민과 결단이 켜켜이 쌓여 마주한 오늘, 내 손에 있는 것은 얼마나 단단한가…. 내가 뿌리내리고 있는 그곳에 나의 열매가 있는가….

5. 편견에서 벗어나다

예수께서 또 다른 비유를 그들에게 말씀하셨다. "하나님 나라는 누룩과 같다. 어떤 여자가 그것을 가져다가, 가루 서 말 속에 섞어 넣었더니, 마침내 온통 부풀어 올랐다." 마태복음 13:33

예수의 하나님 나라 비유는 속뜻을 따라가기도 전에 이미 하나님 나라를 묘사하는 표현 자체만으로도 귀에 거슬리는 경우가 있다. '누룩 비유'가 그중 하나다. '하나님 나라는 누룩과 같다'라는 첫 문장은 불쾌하기 그지없다. 누룩은 고대 사회에서 부정과 불결을 의미하기 때문이다. 예수도 누룩에 대해서 부정적인 입장을 보인 바 있다. 예수는 제자들에게 바리새인들의 누룩을 조심하라고 경고한다. 바울도 마찬가지다. 바울은 고린도 교회 안에서 일어난 음행의 문제를 엄중하게 다루면서 불결한 일을 누룩으로 묘사한다. 음행을 일으킨 사람들

예수가 하려던 말들

은 '누룩 없는 자'와 같이 순전한 고린도 교회 사람들을 부패하게 만드는 한 줌의 누룩이다.

누룩은 유대인과 그리스도인 모두에게 불결하고 악한 것이다. 그런데 예수가 하나님 나라를 말하면서 그 부정한 누룩을 상징으로 가지고 온 것은 예삿일이 아니다. 지금까지 하나님 나라를 이렇게 설명한 사람은 없었을 것이다. 이것은 마치 '하나님 나라는 부정하다!'고 말하는 것과 같다. 일종의 도발이다. 아마도 예수는 그들이 이제껏 상상해 왔던 하나님 나라의 모습을 돌아보게 하려는 것 같다. 예수는 그들이 생각하지 못한 대상에 하나님 나라를 빗댐으로써 하나님 나라에 대한 그들의 편견과 선입견을 깨뜨리려고 한 것이다. 예수는 그들을 화들짝 놀라게 했다.

첫 문장만 들어도 기분이 나빠지는 이 비유 이야기는 곧 누룩이 사용되는 상황으로 이어진다. 비유는 빵에 넣기 위한 누룩을 찾고 있는 있는 한 여자를 보여 준다. 이 역시 여러 면에서 유쾌하지 않은 전개다. 하나님 나라를 이야기하면서 예수가 데려간 곳이 빵을 만드는 일상 풍경과 그것을 만드는 여자이기 때문이다. 하나님 나라는 무언가 자신들의 일상과 다를 것이라는 상상이 무너지는 그림이다. 하나님 나라는 으리으리하고 찬란한 모습으로 소개되지 않는다. 하나님 나라는 평범한 일상 속 여자의 이야기로 설명된다. 평범하고 일상적인 것도 하나님 나라와 맞지 않지만, 여자는 더욱이 불쾌하다.

유대인들에게 여자는 부정한 존재다. 예수가 오병이어로 오천 명을 먹일 때도 여자는 그 오천 명 안에 들지 못했다. 여자와 좋은 사람 축에 들지 못했다. 좋은 사람이 아니라 재물에 속했고, 여자는 부정하고 남자보다 열등한 존재였다. 모든 면에서 그랬다. 이 부족하고 부정한 여자를 하나님 나라에 등장시키는 것은 말도 안 되는 일이었다. 그러나 예수는 하나님 나라를 여자가 빵을 만들 때 넣는 누룩에 비유한다. 누룩, 여자, 빵 만드는 일상. 이 비유는 삼중의 불쾌감을 쌓아 올린다.

그러나 비유 속 여자는 잠시 일상에서 벗어난다. 왜냐하면 그녀가 만드는 빵의 양 때문이다. 그녀는 가루 서 말에 해당하는 반죽을 한다. 이 정도의 양이면 대략 백 명의 사람이 먹을 수 있다. 그렇다면 지금 이 비유는 단순히 일상적으로 빵을 만드는 이야기가 아니라 잔치를 준비하는 이야기다. 여자는 지금 많은 사람을 초대할 잔치를 준비하고 있다. 더욱이 이렇게 많은 양의 가루에 누룩을 넣은 것을 보니, 여자는 매우 큰 잔치를 준비하는 것 같다. 백 명 정도의 사람이 먹을 수 있는 가루 서 말에 누룩을 넣었다면, 그 이상의 사람이 먹을 수 있는 양으로 늘어날 것이기 때문이다.

예수가 하려던 말들

'섞어 넣었다'의 원래 의미는 '몰래 넣었다'이다. 반죽에 누룩을 넣은 것을 아는 사람은 여자뿐이다. 아마도 이를 모르는 사람들은 점차로 부풀어 오르는 반죽을 보고 놀랐을 것이다. 반죽에 무슨 문제라도 생겼을지 모른다고 호들갑을 떨었을지도 모른다. 고대 사람들은 누룩을 넣어 부풀어 오르는 모습을 보면서, 시신이 부패해서 부풀어 오르는 모습을 상상했다고 한다. 그러니 불쾌함이 배가되었을 것이다. 그러나 누룩을 몰래 넣은 여자는 알고 있다. 썩고 있는 것이 아니라 풍성해지고 있다는 것을 말이다. 누룩은 반죽을 망치고 있지 않았다. 오히려 더 많은 사람이 먹을 수 있도록 반죽을 살려 내고 있었다.

여자가 몰래 넣은 누룩은 많은 사람이 먹을 수 있는 생명의 잔치를 준비하기 위해 필요한 재료였다. 누룩 덕분에 모자람 없이 잔치를 치를 수 있었다. 하나님 나라는 넉넉한 잔치다. 많은 사람이 와서 충분히 생명의 떡을 나눌 수 있는 곳이다. 이 비유가 매우 일상적 상황을 배경으로 삼고 있는 것을 보면, 이 잔치에 참여할 사람들도 매우 평범하고 특출하지 않은 사람들일 것이다. 어마어마하고 화려한 곳이라면 갈 수 없었던 사람들도 여자가 벌인 잔치에는 부담 없이 참여할 수 있을 것이다. 하나님 나라는 이렇듯 누구든지 올 수 있는 곳이다. 그곳에는 넉넉한 빵이 있다. 누룩으로 부풀려져 많은 사람이 나누기에 충분한 빵으로, 그들은 기쁨을 함께 나눌 것이다.

이 비유는 열려 있다. 예수는 하나님 나라에 대한 편견을 깨면서 누구든지 와서 먹으라고 초청하고 있는 중이다. 누구든지 참여할 수 있는 잔치란 얼마나 멋진 일인가! 예수는 여자가 빵을 준비하고 있는 잔치를 통해서 유대인들로 하여금 하나님 나라에 대한 이해를 돌아보게 하고 그 나라를 새롭게 상상하도록 했다. 그리고 하나님 나라에서는 그 누구도 배제되지 않을 것이라는 예기치 않은 희망을 건네주었다. 그러나 예수의 이러한 비유가 모든 사람에게 희망인 것은 아니다. 어떤 이들에게는 빵에 넣은 누룩과 같은 하나님 나라가 어처구니없어 보일 수 있다. 이런 사람들에게 예수가 초청하는 하나님 나라의 잔치는 결코 기쁨이 아니다.

바리새인들을 비롯한 유대의 종교 지도자들은 예수의 수많은 비유와 가르침에 귀를 기울이지 않았다. 그들이 상상하던 하나님 나라와 예수가 말하는 하나님 나라가 동일하지 않았기 때문이다. 그들은 자신들과 다른 것을 말하고 생각하는 예수와 그의 하나님 나라를 받아들일 수 없었다. 가장 거룩한 하나님 나라를 가장 부정한 누룩에 빗댄다는 것 자체가, 예수의 잘못된 생각을 드러내고 있다고 그들은 판단했다. 그들은 이러한 잔치에 참여하고 싶지 않았다. 예수의 하나님 나라를 이해하는 데 걸림돌이 된 것은 그들의 눈을 가리고 있던 편견이었다.

편견의 위험을 지적하면서 철학자 베이컨F. Bacon은 네 가지 우상에 관해 말한다. 종족의 우상, 동굴의 우상, 시장의 우상, 극장의 우상이다. 종족의 우상은 인간이기 때문에 갖는 편견이다. 동굴의 우상은 개인적 특수성, 곧 개인의 환경이나 배경으로부터 연유한 편견이다. 이 두 편견은 상대적으로 개인적 특성을 가지고 있다. 시장의 우상과 극장의 우상은 보다 더 사회적 특성을 가지고 있다. 시장의 우상은 인간의 의사소통을 통해서 일어나는 편견, 곧 언어 사용으로 말미암은 편견이다. 극장의 우상은 권위에 대한 인식으로부터 말미암은 편견이다. 베이컨은 사상, 종교, 예술 등 묻지도 따지지도 않고 믿는 체계들을 무대 위 연극에 불과하다고 일갈하다.

이러한 다양한 우상을 통해, 인간은 자신들의 힘을 확장한다. 인간은 자신들이 만들어 놓은 이 우상들을 진리라고 우겨 대며 권위를 부여하고 다른 이들이 그 권위에 순응하도록 한다. 그들은 자신들을 대단한 존재라고 생각한다. 베이컨은 이렇게 착오에 빠져 있는 인간을 우상을 숭배하는 자라고 조롱하며, 이런 편견 속에서는 진리를 파악할 수 없다고 지적한다. 그러므로 그는 새로운 사고방식이 필요하다고 말한다. 예수의 하나님 나라 비유가 드러내는 것도 이와 유사하다. 누룩 비유는 바리새인들의 편견을 파고든다. 스스로를 의롭다고 생각하는 바리새인들로서는 도무지 이해할 수 없는 부정한 비유를 통해서, 그들이 어떠한 우상에 빠져 있는지, 그들이 얼마나 하나님 나라와 멀어져 있는지를 보여 준다. 그들에게는 하나님 나라에 대한 새로운 이해가 필요했다.

예수는 바리새인들이 부정하게 여기는 온갖 단어들과 개념들로 하나님 나라가 얼마나 생명이 넘치는지를 설명한다. 이를 통해 예수는 하나님 나라를 설명함과 동시에, 편견에 사로잡혀 진리를 깨닫지 못하는 사람들의 현실도 드러낸다. 이미 임한 하나님 나라를 보지 못한 채 예수를 손가락질하던 사람들의 민낯을 보여 준다. 또한 우상을 숭배하는 자들이 누구인지를 드러낸다. 그러나 예수의 비유를 듣고 깨닫는 사람들은 비로소 알 것이다. 자신들이 어떤 우상에 빠져 있었는지, 그리고 어떻게 그로부터 돌아섰는지를 말이다. 하나님 나라 비유는 우리 자신이 어떤 사람인지를 밝혀 준다. 하나님 나라를 준비하는 회개는 이 편견으로부터의 돌아섬이다.

6. 뒤집어 생각하다

예수께서 또 다른 비유를 들어서, 그들에게 말씀하셨다. "하나님 나라는 겨자씨와 같다. 어떤 사람이 그것을 가져다가, 자기 밭에 심었다. 겨자씨는 어떤 씨보다 더 작은 것이지만, 자라면 어떤 풀보다 더 커져서 나무가 되며, 공중의 새들이 와서, 그 가지에 깃들인다."

마태복음 13:31-32

누룩 비유와 쌍둥이 비유로 불리는 '겨자씨 비유'다. 가장 작은 씨가 큰 나무로 자란다는 겨자씨 비유는 모르는 사람이 없을 정도로 유명하다. 이유는 분명하다. 이 비유가 성장에 대한 무한한 희망을 주기 때문이다. 비록 지금은 작을지언정 언젠가는 크게 될 것이라는 내용은 어떻게 읽든지 희망적이다. 이 비유를 통해서 성장을 강조하는 것을 탐욕적이라고 여기는 사람들은 성장이 아니라 대조를 강조하기도 한다. 이 비유는

처음의 작은 것과 나중의 큰 것을 대조시키려는 것이지, 성장을 말하려는 것이 아니라는 해석이다.

그러나 아무리 생각해도 성장과 대조의 차이를 구분하기는 어렵다. 약간의 뉘앙스의 차이는 있을지 모르지만, 이 비유를 대조로 읽는다고 해도 결국은 처음보다 크게 될 결말에 대한 상상을 배제할 수 없는 것이 아닌가! 성장이든 대조이든 간에, 이 비유에 대한 기본적 이해는 그 유명한 구절, "처음에는 보잘것없겠지만 나중에는 크게 될 것이다"(욥 8:7)를 상기시킨다. 이 말은 욥의 친구인 빌닷이 고난당하는 욥을 추궁하면서 한 말이다. 내용인즉, 욥이 무슨 잘못을 해서 하나님이 지금 벌을 내리는 상황이니 빨리 회개하라는 것이다. 그러면 하나님이 그를 빈궁한 상황에서 건지실 것이라고 욥의 친구는 생각했다. 그는 자신의 말이 영문도 모른 채 고난을 받고 있는 욥에게는 더할 나위 없는 위안이기를 바랐다. 고난에서 벗어날 방도를 전해 주었으니 말이다.

그러나 욥은 빌닷의 말에서 위안을 받지 못한다. 그는 "내가 죄를 짓기만 하면 주께서는 가차 없이 내게 고통을 주시지만, 내가 올바른 일을 한다고 해서 주께서 나를 믿어 주시지는 않으셨습니다. 그러니 나는 수치를 가득 덮어쓰고서, 고통을 몸으로 겪고 있습니다"(욥 10:15)라며 항변한다. 욥은

예수가 하려던 말들

지금 자신이 당하고 있는 고난이 자신의 행위와는 상관없다는 사실이 야속했다. 그래서 그는 하나님 앞에서 억울함을 숨기지 않았다. 욥기 전체는 원인을 알 수 없는 고난의 이유를 찾으며 울부짖는 욥의 사투를 다룬다. 그는 "나를 죄인 취급하지 마십시오. 무슨 일로 나 같은 자와 다투시는지 알려 주십시오"(욥 10:2)라며 절규한다.

친구들과 수많은 논쟁을 한 뒤, 절대적인 하나님은 말씀하신다. "전능한 하나님과 다투는 욥아, 네가 나를 꾸짖을 셈이냐? 네가 나를 비난하니, 어디, 나에게 대답해 보아라"(욥 40:2). 욥의 불평과 친구들의 논쟁을 헛된 것으로 만드는 하나님 앞에서 욥은 고백한다. "주님이 어떤 분이시라는 것을, 지금까지는 제가 귀로만 들었습니다. 그러나 이제는 제가 제 눈으로 주님을 뵙습니다. 그러므로 저는 제 주장을 거두어들이고, 티끌과 잿더미 위에 앉아서 회개합니다"(욥 42:5-6). 욥기는 이제까지의 모든 하나님 이해와 그 이해를 바탕으로 한 우리의 믿음을 돌아보게 한다. 돌이키는 믿음에는 "처음에는 보잘것없겠지만 나중에는 크게 될 것이다" 또한 포함된다. 욥과 논쟁한 친구들의 주장을 이제 하나님 앞에서 새롭게 돌아보아야 한다.

우리는 다양한 성경의 이야기를 통해서 하나님으로부터

받는 복을 기대할 수 있다. 그러나 그리스도교 신앙은 단순히 거기에 머물지 않는다. 축복이나 성장, 발전과 풍성함 등으로만 믿음을 정의할 수 없다. 이유 없는 고난을 통해서 욥이 깨달은 것은 이것이다. 욥기는 무고한 자의 고난을 통해서 인간이 다 헤아릴 수 없는 일들에 대한 신앙의 문제를 보여 준다. 우리의 익숙한 자본주의 사고는 욥의 친구들처럼, 하나님 나라를 성장이나 대조로 이해하고자 하는 욕망을 버리지 못하게 한다. 이런 맥락에서, 작은 것에서 큰 것으로 옮겨 가는 성장이나 대조를 하나님 나라의 희망으로 고정하는 것은 매우 조심스러운 해석이다.

우리의 바람처럼 큰 나무로 무럭무럭 자라는 겨자씨가 과연 우리에게 어떤 희망을 주는가? 빌닷의 말이 욥에게 위로가 되지 못한 것처럼, 작은 것이 크게 되는 겨자씨 비유도 실제로는 우리에게 위로가 되지 못한다. 그것은 언제나 이루지 못한 희망으로 남기 때문이다. 대부분 우리의 현실은 결코 그렇게 멋진 나무가 아니다. 성장을 부추기는 겨자씨 비유는 큰 나무가 되지 못한 우리의 믿음이 무엇인가 잘못되었다고 속삭인다. 큰 나무가 되지 못한 현실 위에 네 죄를 세어 보라는 빌닷의 목소리가 얹히면, 좌절은 더해지고, 하나님 나라의 길은 눈에 잘 띄지 않게 된다. 그러나 비유를 차근히 들어 보면

예수가 하려던 말들

씨 자체가 중요한 것 같지는 않다. 작은 씨든 큰 씨든, 중요한 것은 그 안에 있는 생명이다. 모든 씨는 생명으로 자라난다. 그러니 겨자씨가 가장 작은 씨에서 큰 나무로 변했다는 내용은 사실 요점이 아니다.

비유의 중요한 전환점은 '어떤 사람이 그것을 가져다가, 자기 밭에 심었다'에 있다. 겨자씨는 일년생의 야생 식물이다. 이 야생풀의 생명력은 매우 질겨서 한 번 뿌리를 내리면 제거하는 것이 쉽지 않다. 그런데 야생에서 멀쩡하게 잘 자랄 수 있는 씨를 일정한 용도가 있는 '자기 밭'에 가져다 심었다는 사실은 누룩 비유만큼이나 불쾌감을 준다. 겨자씨가 야생 식물이라는 점을 감안한다면, 그의 밭이 어떤 작물을 위한 것이었든 간에, 겨자씨는 그 밭의 용도에는 알맞지 않은 낯선 식물이기 때문이다. 서로 다른 종류의 가축을 교미시키는 일, 서로 다른 씨앗을 함께 뿌리는 일, 서로 다른 재질의 옷감으로 옷을 만드는 일 등을 금지하는 레위기 성결법전에 따르면 이 사람의 행동은 지극히 위험하다.

이 사람의 밭에서는 기존의 작물과 겨자씨의 이종 교배가 이루어졌다. 밖에 두어도 아무 일 없이 잘 자랄 수 있는 씨를 굳이 자기 밭에 심어서 위험을 자초하는 상황이 벌어진 것이다. 누군가의 밭에 심겨진 겨자씨 비유는 일상을 위협하며 정결의 경계를 파괴하는 하나님 나라를 보여 준다. 하나님 나라는 익숙한 질서, 관습, 편안한 삶을 흔들기 시작한다. 하나님 나라의 예기치 못한 역습이 시작된 것이다. 겨자씨를 자기 밭에 심은 어떤 사람에 의해서, 이제껏 정당하다고 여겨지던 것들이 뒤엎어졌다. 불쾌하고 불안하기 이를 데 없는 일이 벌어진 것이다.

하나님 나라는 이렇듯 우리의 일상에 균열을 일으키고 우리의 규율과 관습에 의문을 제기한다. 하나님 나라를 통해서 가치의 전도가 일어나기 시작한 것이다. 그러나 하나님 나라가 하나님의 통치로서 세상 왕의 통치와 대립하는 것이라면, 이러한 전도는 매우 타당하다. 하나님의 통치와 세상의 통치가 동일하다면, 이 둘이 왜 대립하겠는가? 하나님의 통치는 세상의 통치와 다르다. 하나님 나라의 가치도 세상의 가치와 다르다. 하나님 나라는 세상의 관습을 넘어선다. 하나님 나라 비유를 해석하는 데 새로운 눈이 필요한 이유가 여기에 있다. 세상의 가치를 하나님 나라에 투영했을 때 하나님 나라의 비밀은 도무지 드러나지 않기 때문이다.

이를 뒷받침하는 표현이 있다. "겨자씨는 어떤 씨보다 더 작은 것이지만, 자라면 어떤 풀보다 더 커져서 나무가 되며, 공중의 새들이 와서, 그 가지에 깃들인다." 작은 씨가 큰 나무가 된다는 것은 희망의 메시지가 분명하다. 그러나 겨자씨가 얼마나 큰 나무가 될 수 있을지 생각해 보면, 이 표현은 팔레스타인 사람들에게는 당혹스러운 과장이다. 이스라엘에서는 일반적으로 겨자풀이라는 말을 쓴다고 한다. 완전히 자란 겨자씨가 생각처럼 크고 훌륭한 나무의 모습을 갖추지 않기 때문이다. 일반적으로 우리나라의 유채꽃과 유사한 정도의 모양을 갖춘다고 한다. 겨자씨는 자라서 울창한 소나무나 잣나무와 같은 형태를 갖지 않는다. 그렇다면 이 과장의 본뜻은 무엇인가? 이 비유는 일반적 이해를 뒤엎는다. 그냥 겨자풀이라고 부르면 족할 그것을, 공중의 새들이 깃들일 수 있는 큰 나무에 빗대어 말하고 있기 때문이다.

이스라엘 사람들에게 공중의 새가 깃들일 수 있는 크고 멋진 나무에 대한 상징은 낯설지 않다. 이스라엘 성전의 기둥은 멋지고 훌륭한 레바논 백향목이었다. 이스라엘은 번성하고 힘 있는 나라의 모습을 공중의 모든 새가 그 큰 가지에 깃들이며, 들의 모든 짐승이 그 가는 가지 밑에 새끼를 낳는 레바논 백향목에 빗대어 표현했다. 이는 모든 나라를 제패할 원대한 희망의 상징이었다. 겨자씨 비유의 놀라움은 보잘것없는 겨자풀에 이 레바논 백향목의 상징을 덧입혔다는 데 있다. 모든 사람이 꿈꾸던 그 위대하고 멋진 나무의 상징을 겨자풀로 이동시킨 것은 단순한 과장이 아니다. 이는 매우 분명한 가치의 전도다. 겨자풀에서도 많은 새들이 쉴 수 있다는 사고의 전환이다.

하나님 나라는 많은 사람이 고대하는 레바논 백향목과 같지 않다. 하나님 나라는 일상의 관습을 벗어난 부정해 보이는 방식으로 우리에게 다가온다. 예수가 그들에게 받아들여지지 못한 바로 그 모습으로 말이다. 그들은 예수를 부정한 자로 여겼고, 먹고 놀기 좋아하는 거룩하지 못한 자라고 비방했다. 예수는 레바논 백향목이 아니라 겨자풀처럼 사람들에게 다가갔다. 그 예수에게서 많은 사람들이 위로를 받고 하나님의 은혜를 경험했다. 예수를 따르던 사람들은 자신들이 겨자풀에 깃들인 새와 같다는 사실에 공감했을 것이다. 레바논 백향목처럼 멋지고 화려한 삶은 아닐지라도, 예수의 말씀 안에 있는 자들은 많은 사람들을 위로하고 쉬게 할 수 있는 힘을 가지고 있다.

겨자풀과 같은 일상, 그래서 다른 이들이 손가락질하기도 하고 어쩌면 아무 희망도 보이지 않는 삶, 고통스럽고 갑갑하고 언제든지 떠나 버리고 싶은 허다한 시간들 속에서, 그들은 귀한 생명을 경험했고 함께 안식을 누렸다. 이것이 하나님 나라다. 예수는 이렇게 가르쳤다.

예수가 하려던 말들

마음이 가난한 사람은 복이 있다. 하나님 나라가 그들의 것이다. 슬퍼하는 사람은 복이 있다. 그들이 위로를 받을 것이다. 온유한 사람은 복이 있다. 그들이 땅을 차지할 것이다. 의에 주리고 목마른 사람은 복이 있다. 그들이 배부를 것이다. 자비한 사람은 복이 있다. 그들이 자비함을 입을 것이다. 마음이 깨끗한 사람은 복이 있다. 그들이 하나님을 볼 것이다. 평화를 이루는 사람은 복이 있다. 그들이 하나님의 자녀라고 불릴 것이다. 의를 위하여 박해를 받은 사람은 복이 있다. 하나님 나라가 그들의 것이다. 너희가 나 때문에 모욕을 당하고, 박해를 받고, 터무니없는 말로 온갖 비난을 받으면, 너희에게 복이 있다. 너희는 기뻐하고 즐거워하여라. 하늘에서 받을 너희의 상이 크기 때문이다. 너희보다 먼저 온 예언자들도 이와 같이 박해를 받았다"(마 5:2-12).

팔복은 가치의 전도를 분명하게 드러낸다. 복이라고 말할 수 없는 가난, 슬픔, 박해는 당시 사람들의 고단한 일상이었다. 그러나 예수는 고난과 저주의 일상을 도리어 복이라고 일컫는다. 한 번도 생각해 본 적 없는 복이다. 그들의 척박한 일상에서 온유, 자비, 깨끗한 마음, 평화를 이루려는 노력은 그들의 삶을 더욱 고단하게 만들지 모른다. 그러나 이 모든 노력은 하나님 나라에서 능력이 된다. 세상에서는 환영 받지 못하는 자들이 하나님 나라에서는 빛을 발한다. 그들은 하나님의 자녀라고 불리고, 하나님을 본다. 생각지 못한 새로운 관계가 형성되는 것이다.

이는 새로운 타자를 발견하는 행위다. 철학자 레비나스 E. Lévinas에 따르면, 인간은 타자와의 관계 속에서 주체를 형성한다. 그러므로 타자의 아픔과 고통을 나누고, 타자에게 상처를 입혀서는 안 되며 타자를 무조건적으로 환대해야 한다. 이를 통해서 타자와 상호 주체성의 관계에 이른다. 타자를 받아들여야 하는 이유가 있다. 타자는 약자이기 때문이다. 타자는 약한 사람, 가난한 사람, 과부와 고아다. 반면, 주체는 강자다. 그는 부자이며 힘 있는 존재다. 그러나 세상은 레비나스가 주장하는 것처럼 타자를 무조건적으로 환대하지 않는다. 오히려 타자를 배제하고 잊어버린다. 그들은 언제나 소통이 안 되는 사람, 혹은 이해할 수 없는 사람으로 남는다.

반면, 예수의 전도된 가치는 진정으로 그들을 환대한다. 예수는 그들에게 행복을 누릴 수 있는 세상을 보여 주며 소통과 이해를 통해 타자와 상호 주체성의 관계에 이른다. 그리고 예수에게 환대를 받은 사람들은 자신들이 받은 것처럼 타자를 환대해야 한다고 가르친다. 물론 이것은 예수를 따르면서

예수가 하려던 말들

도 실천하기 어려운 일이다. 그래서 예수는 하나님 나라를 알수 있도록 끊임없이 사람들을 가르쳤다. 알지 못하는 것을 알기 위해서는 알지 못하는 것을 접해야 한다. 앎은 이해로, 이해는 변화로 이어진다. 물론 이제까지 익숙했던 가치를 전도시키는 것은 무척 어렵고 두려운 일이다.

　오늘날 예수의 비유를 해석할 때도 마찬가지다. 성공에 매몰되고 성장을 추구하던 우리의 가치를 뒤집는 일은 무능력한 패배자의 몰골과 마주하게 될 것만 같은 두려움을 준다. 레바논 백향목이 아니라 겨자풀에서 안식을 찾으라는 비유는 왠지 모르게 실패를 미화하는 것처럼 보여 불편한 마음이 든다. 그러나 전도된 가치는 우리로 하여금 타자의 얼굴을 마주하게 한다. 지금까지 보지 못한 얼굴이다. 어쩌면 자신의 얼굴일지도 모른다. 그러므로 이제껏 들어 보지 못한 타자의 목소리를 배움과 깨달음의 계기로 삼는다면, 이전과는 전혀 다른 세상이 존재한다는 사실을 알게 될 것이다. 겨자풀의 안식이 얼마나 소중한지 알게 될 것이다. 그러면 어느새 새로운 삶으로 저벅저벅 걸어 들어가는 변화한 자신을 발견할 것이다. 타자의 얼굴이 낯설지 않은 자신을 말이다.

7.　서로 다른 것과 함께하다

예수께서는 이런 비유를 말씀하셨다. "어떤 사람이 자기 포도원에
다가 무화과나무를 한 그루 심어 놓고, 그 나무에서 열매를 얻을까
해서 왔으나, 찾지 못하였다. 그래서 그는 포도원지기에게 말하였
다. '보아라, 내가 세 해나 이 무화과나무에서 열매를 얻을까 해서
왔으나, 찾지 못하였다. 찍어 버려라. 무엇 때문에, 땅만 버리게 하겠
느냐?' 그러자 포도원지기가 그에게 말하였다. '주인님, 올 해만 그
냥 두십시오. 그 동안에 내가 그 둘레를 파고 거름을 주겠습니다. 그
렇게 하면, 다음 철에 열매를 맺을지도 모릅니다. 그 때에 가서도 열
매를 맺지 못하면, 찍어 버리십시오.'"　　　　　　　　누가복음 13:6-9

이종 교배의 두려움을 일으키는 또 다른 이야기는 열매 없는
'무화과나무 비유'다. 이 비유는 단순히 무화과나무의 열매가
없다는 데만 초점이 있지 않다. 비유는 시작부터 무화과나무

　　　　　　　　　　　　　　　　　　예수가 하려던 말들

의 입지를 흔든다. "어떤 사람이 자기 포도원에다가 무화과나무를 한 그루 심어" 놓았다. 무화과나무가 왜 포도원에 심겼을까? 무화과나무가 심길 곳은 무화과 농원이 아닌가? 한 밭에 한 작물만 계속 심을 경우, 작물에 필요한 양분이 고갈될 수 있어서 종종 작물을 바꾸어 주는 경우가 있기는 하다. 그러나 이 비유가 그 상황을 반영하고 있는 것 같지는 않다. 여기서 무화과나무가 단수로 표기되어 있는 것으로 볼 때, 넓은 포도원에 심긴 무화과나무는 '한 그루'에 불과하다. 토양을 바꿀 목적이라면 한 그루로는 충분하지 않다.

포도나무를 심는 데 사용되어야 할 땅을 차지하고 있는 무화과나무는 포도원을 더럽히는 부정한 존재다. 그나마 열매도 못 맺고 있으니, 무화과나무는 쓸모없는 골칫거리에 불과하다. 비유에서 무화과나무를 굳이 어떤 특정한 대상(유대인)으로 한정할 필요는 없다. 무화과나무는 특별한 모든 것을 상징한다. 그러므로 이 비유는 아무리 특별한 무화과나무일지라도 열매가 없으면 안 된다는 이야기에 앞서, 무화과나무의 특별함 자체를 거부한다. 오히려 이종 교배를 통해서 무화과나무를 부정한 것으로 전도시키는 놀라움이 비유 속에 숨어 있기 때문이다.

열매 없는 무화과나무는 이종 교배라는 위험을 무릅쓰고

자신의 포도원에 무화과나무를 심은 주인에게 커다란 민폐가 아닐 수 없다. 주인은 자신의 밭을 부정하게 만들고 열매마저 얻을 수 없게 되었다. 이처럼 예수의 비유에 구약성경에서 금한 이종 교배의 흔적이 들어가 있는 이유는 무엇일까? 이종 교배는 부정한 것과 정결한 것을 가늠하는 기준이다. 예수는 비유 속에서 이종 교배의 흔적들을 끼워 놓고 그것을 부정否 定하면서, 사람들에게 익숙한 부정不淨과 정결淨潔의 경계를 허문다. 자신들의 견고한 경계에 만족하던 사람들에게 예수의 비유는 불쾌하다. 반면, 그 경계 때문에 고통을 받던 사람들에게 예수의 비유는 통쾌하다.

예수의 비유는 기존의 질서에 도전하며 질서라고 불리는 것들이 진정 진리인지를 묻는다. 익숙한 무언가가 질서가 되는 것은 반드시 옳은가? 그 질서는 누구를 위한 것인가? 질서는 단지 누군가를 통제하고 이익을 얻으려는 술수가 아닌가? 질서는 누군가의 편견이나 선입견이 아닌가? 진정한 질서는 무엇인가? 예수는 비유를 통해서 아마도 이러한 물음을 던지고 싶었을지 모른다. 바리새인과 율법 교사들이 지키고자 한 질서는 과연 진정으로 지킬 만한 것인지, 그들의 경계 밖에서 죄인이라는 올무를 뒤집어쓴 사람들에게 질서는 도대체 무엇인지 말이다.

예수가 하려던 말들

당시에 바리새인들은 스스로를 의인으로 여기고 율법을 지키지 못하는 사람들을 죄인으로 여겼다. 원래 이스라엘에서 죄인이란 성전에 들어갈 수 없는 자들을 의미했다. 죄인은 '제의에 참여할 수 없는 자', '회개가 필요한 자', '이스라엘에 들 수 없는 자'다. 하나님 앞에 거룩하지 못한 불완전한 상태가 이스라엘에게는 죄이기 때문이다. 그러나 제의적 의미는 사회적 개념으로 발전했다. '하나님이 거룩하기 때문에 하나님의 백성이 거룩해야 한다'는 근본에는 변함이 없었지만, 거룩함을 정의하는 것은 권력을 잡은 자들의 몫이었기 때문이다. 죄인이나 의인의 개념은 이스라엘의 거룩함(정결법)과 그것을 주도하는 자들의 세계관을 반영한다.

그들은 자신들의 기준을 신적이며 불변한 것으로 강조했고, 그 기준에 들지 못한 자들을 죄인으로 명명하고 그들을 사회 질서에 반하는 자로 만들었다. 각종 다양한 이유를 들어서 그들을 부정한 존재로 만들고 배척했다. 그리고 통제했다. 부정한 죄인들은 사회에서 정상적인 삶을 영위할 수 없었다. 이렇듯 이스라엘에서 죄인과 의인은 누군가 정한 기준에 따라 형성된 사회적 개념이다. 이 사회적 개념은 질서가 되고 권력이 되었다. 죄인으로 불린다는 이유로, 사회의 정상적 기준에서 제외되는 배제와 차별의 모습은 철학자 푸코M. Foucault

의 주장을 상기시킨다. 푸코는 계보학적 연구를 통해서 진리 (기준)로 인식된 것들이 어떤 과정을 거쳐서 우리에게 소개되고, 우리의 사고가 어떻게 진리에 지배되어 왔는지에 관심을 가졌다.

역사적으로 볼 때 질서는 결코 가치중립적이지 않다. 질서는 과거를 선택적으로 읽은 결과라고 할 수 있다. 자신이 택한 질서가 진리의 자리를 차지할 수 있도록 작용한 힘, 곧 권력이 존재한다. 권력의 투쟁을 통해서 어떤 것은 진리로 확인되고 어떤 것은 그 진리에서 배제됨으로써 통제와 억압을 받는다. 푸코에 의하면 진리란 진술statement이 생산, 규제, 분배, 순환되고 작동하는 일련의 질서정연한 절차 체계다. 권력은 이 진리를 생산하며 진리는 권력의 효과를 더욱더 강력하게 만든다. 강력해진 권력은 진리를 다시 확대 재생산하는 순환적 구조를 갖는다. 권력과 진리는 서로 상호 작용하며 권력을 가진 자는 진리를 담보로 자신의 위치를 더욱 공고히 한다. 이를 **진리의 레짐**regime of truth이라고 하는데, 이는 어떤 진술을 진리로 받아들이게 만드는 담론 체계다.

유대 종교 지도자들에게 거룩함이나 율법은 일종의 진리의 레짐이라고 할 수 있다. 바리새인들은 율법을 해석하고 그것을 확장하며 율법의 준수를 통해서 '거룩함(의)'이라는 진

예수가 하려던 말들

리를 확보했다. 그리고 이 진리의 수레바퀴에 들어오지 못하는 사람들에게는 '죄'라는 굴레를 씌웠다. 예수 당시에 소위 '땅의 사람들'이라고 불리는 가난한 사람들은 율법을 지킬 수 없다는 이유로 죄인 취급을 당했다. 그들은 하나님의 구원에서조차 배제되는 불결하고 더러운 사람들로 여겨졌다. 그러나 예수는 바로 이 더럽고 소외되고 가난한 사람들에게 구원을 선포했다. 그들과 함께 밥을 먹고, 그들을 치료하고, 그들에게 말씀을 가르쳤다.

그들은 예수가 전한 하나님 나라에서 특별하고 화려한 내용을 발견할 수 없었다. 그들에게 익숙한 겨자풀은 이종 교배의 부정을 뚫고 하나님 나라의 상징이 되었다. 그들은 그곳에서 쉼을 얻었다. 멸망이나 재앙과는 거리가 멀어 보이는 멋진 무화과나무도 실은 포도원 한쪽 구석에 심긴 부정의 씨앗이다. 그리고 열매가 없으면 찍혀 버린다는 면에서 무화과나무는 다른 나무들과 다를 바가 없다. 멸망을 이야기하는 비유조차 어떤 특별한 것에 자리를 내어 주지 않음으로써, 하나님 나라는 세상의 가치를 뒤집고 세상에서 소외되고 배제된 사람들을 품는 놀랍고 새로운 가치를 보여 주었다.

예수는 유대인들에게는 매우 극단적으로 보이는 이종 교배를 통해서 새로운 진리를 가르쳤다. 그들이 지금까지 받아들여 온 진리가 정작 누군가를 배제시키고 소외시켰다는 사실을 밝혔다. 그리고 수많은 배제와 소외를 배태한 편견과 선입견의 근원을 돌아보게 했다. 예수는 비진리가 갈라치기 한 삶의 편협성을 상기시키며 그로 인해 고통을 감내해야 했던 사람들의 편이 되어 주었다.

이 비유에서의 희망은 포도원지기다. 그는 열매 없는 나무를 3년이나 기다린 주인의 분노를 가라앉힌다. 그는 마지막까지 다시 한번 자신이 최선을 다해 무화과나무를 돌보겠다고 말하며 주인에게 기회를 얻는다. 아마도 이 포도원지기는 그의 밭의 다른 나무들도 지극정성 돌보았을 것이다. 한 그루의 나무도 주인의 분노를 일으키지 않도록 말이다. 그러나 분명한 사실이 있다. 열매를 맺는 것은 포도원지기가 아니다. 열매는 오롯이 무화과나무의 몫이다. 포도나무든 무화과나무든 열매를 맺지 못한다면, 찍혀 버림을 당할 것이다.

비유는 우리를 상상하게 만든다. 무화과나무가 심긴 포도원이라면 그 포도원에 어찌 무화과나무뿐이랴! 포도원에는 포도나무와 무화과나무 외에도 수많은 나무가 있지 않았을까? 이처럼 예수는 신기한 포도원을 이야기하고 있는 것이 아닐까? 각종 다양한 나무들이 심긴 포도원 말이다. 누구도 부정하다고 탓하지 않고 각각의 탐스러운 열매를 바라는 그런

예수가 하려던 말들

포도원! 더욱이 그 포도원에는 무화과나무에 정성을 쏟겠다는 믿음직한 포도원지기가 있지 않은가? 포도원을 빼곡히 채우고 있는 각종 나무를 정성껏 가꾸는 포도원지기가 있고, 다양한 나무를 위해서 자신의 포도원을 내어 준 주인이 있는 그곳, 바로 그곳이 하나님 나라가 아니고 대체 무엇이겠는가!

하나님 나라는 편견과 배제의 늪에서 벗어나 새로운 질서를 꿈꾸는 곳이다. 열매 없는 무화과나무 비유가 드러내고자 하는 의미도 이것이다. 무화과나무라고 해서 혜택 같은 것은 없다. 열매를 맺지 못하면 베임을 당할 수밖에 없다. 그나마 무화과나무는 구사일생으로 마지막 기회를 얻었다. 이제 열매를 맺기 위해 돌아서야 한다. 특별하지 않은 것을 특별하게 취급하고, 나쁘지 않은 것을 나쁜 것으로 내몰던 수많은 시간을 되돌릴 기회는 지금이다. 타인의 불행을 보며 자신의 의를 세우던 터무니없는 삶에서 돌아설 시간이다. 잘못된 편견으로 다른 이에게 가한 고통을 질서라고 칭한 교만한 시간들에서 돌아서지 않는다면, 끝내 찍혀 버려질 것이다.

8.   경계를 넘어서다

예수께서 그에게 말씀하셨다. "어떤 사람이 큰 잔치를 베풀고, 많은 사람을 초대하였다. 잔치 시간이 되어, 그는 자기 종을 보내서 '준비가 다 되었으니, 오십시오' 하고 초대받은 사람들에게 말하게 하였다. 그런데 그들은 모두 하나같이, 핑계를 대기 시작하였다. 한 사람은 그에게 말하기를 '내가 밭을 샀는데, 가서 보아야 하겠소. 부디 양해해 주기 바라오' 하였다. 다른 사람은 '내가 겨릿소 다섯 쌍을 샀는데, 그것들을 시험하러 가는 길이오. 부디 양해해 주기 바라오' 하고 말하였다. 또 다른 사람은 '내가 장가를 들어서, 아내를 맞이하였소. 그러니 가지 못하겠소' 하고 말하였다. 그 종이 돌아와서, 이것을 그대로 자기 주인에게 일렀다. 그러자 집주인이 노하여 종더러 말하기를 '어서 시내의 거리와 골목으로 나가서 가난한 사람들과 지체에 장애가 있는 사람들과 눈먼 사람들과 다리 저는 사람들을 이리로 데려오너라' 하였다. 그런 뒤에 종이 말하였다. '주인님, 분부대로 하였습니다만, 아직도 자리가 남아 있습니다.' 주인이 종에게 말하였다. '큰

길과 울타리가로 나가서, 사람들을 억지로라도 데려다가 내 집을 채워라. 내가 너희에게 말한다. 초대를 받은 사람 가운데서는, 아무도 나의 잔치를 맛보지 못할 것이다.'"

누가복음 14:16-24

이 이야기가 '큰 잔치 비유'로 불리는 것은 편견과 배제의 늪을 넘어선다. 예수의 행적 중 가장 두드러진 것은 식탁 교제다. 예수는 세리와 죄인들과 함께 밥을 먹고, 바리새인들이 중요하게 여기는 식탁 예절을 지키지 않았다. 손을 씻지 않고 식사를 하거나 부정한 사람들과 함께하는 예수의 식탁은 유대교 정결법에 대한 도전이었다. 이러한 행위들이 끊임없이 바리새인들을 자극했다. 그러나 예수는 매우 일상적으로 유대인들의 정결법을 넘어섰고, 예수의 식탁은 새로운 의의 결정판이 되었다.

예수의 식탁은 마지막 때에 있을 종말론적 구원 잔치와 오버랩 됨으로써, 이미 이 땅에서 일어나고 있는 하나님의 구원을 상징적으로 보여 주었다. 예수의 비유에는 잔치에 대한 이야기가 종종 등장한다. 그리고 이 잔치 비유들은 당대의 관습을 배경 삼아 예수의 구원이 가지고 있는 의미를 잘 드러내 준다. 큰 잔치 비유는 두 부분으로 나눌 수 있다. 앞부분은 잔치에 원래 초대받은 사람들이 참여를 거부하고, 뒷부분은 새로운 사람들로 잔치가 채워진다.

당시에 상류층에서 사람들을 초대하는 경우, 일반적으로 두 번의 초대 전갈을 보냈다. 첫 번째 전갈은 잔치가 벌어지기 수일 전에 전달되며, 이때 초대받은 사람들은 참석 여부를 전한다. 두 번째 전갈은 잔치 당일에 참석을 확정한 사람들에게 다시 한번 참석 여부를 확인하는 절차다. 앞부분에 나오는 세 명의 사람은 지금 두 번째 전갈을 받고 있는 상황이다. 그러므로 그들의 사정이 어찌 되었든, 그들의 불참은 잘 이해가 가지 않는다. 이미 잔치는 고지되었고 그것을 수락한 상황이었기 때문이다. 그들의 불참 원인은 그리 불가피해 보이지 않는다. 그들의 거부는 고의적이라고 할 수밖에 없다.

당일에 불참 의사를 밝힘으로써 그들은 자신들이 주인을 무시하고 있음을 숨기지 않는다. 이들의 거부는 주인이 냉대를 받고 있다는 사실을 보여 준다. 주인의 명예는 훼손당했다. 주인으로서는 어처구니없는 상황이 발생했고, 주인이 화를 내는 것은 당연하다. 주인의 집에서 벌어질 잔치에 대한 소문이 온 동네에 퍼졌을 것을 감안하다면, 그 잔치가 엎어진다는 것은 주인에게는 이루 말할 수 없는 수치다. 이제 주인은 기로에 섰다. 이 잔치를 엎고 창피함을 견딜 것인가? 아니면 새로운 방법으로 잔치를 열 것인가? 주인은 후자를 택했다.

새로운 방법은 매우 파격적이었다. 관례대로 두 번 초청하는 방식을 벗어날 뿐 아니라, 대상의 제약도 벗어난다. 식탁의 정결법을 지키기 위한 안전한 방책은 서로 믿을 수 있는 사람, 자신들이 의인이라고 생각하는 사람과의 교제다. 바리새인들이 예수의 식탁을 못마땅하게 여긴 이유는 예수가 믿을 수 없는 사람 곧 죄인들과 교제함으로써 정결법을 어겼기 때문이다. 통상적으로 자신들이 보증하고 확증할 수 있는 사람들을 초대하고 예의를 갖춘 것이 앞부분에 나타난 상황이었다. 그러나 이 전통적이며 예의 바른 관례를 먼저 깬 것은 초대받은 사람들이었고, 이에 주인의 새로운 잔치는 통상적이었던 관례를 뒤집는다.

주인은 "시내의 거리와 골목으로 나가서 가난한 사람들과 지체에 장애가 있는 사람들과 눈먼 사람들과 다리 저는 사람들을 데려 오라"고 명한다. 주인이 불러들이는 사람들은 정결법의 범위를 넘어서는 자들이다. 가난한 사람들, 지체 장애가 있는 사람들, 눈먼 사람들, 다리 저는 사람들. 이들은 더럽고 부정한 존재였다. 주인은 그동안 자신이 준수했던 모든 것을 무효화하며 새로운 방법으로 새로운 사람들과 잔치를 열고자 한다. 이제 잔치의 성격이 완전히 바뀌었다. 이전의 잔치와 비교할 수 없게 되었다.

주인은 새로운 잔치를 연다. 그동안의 관례를 옛것으로 만들었다. 신원을 보증할 수 없는 불특정 다수를 초대하고도 채워지지 않는 자리를 위해, "큰길과 울타리가로 나가서, 사람들을 억지로라도 데려다가 내 집을 채워라"고 명한다. '시내의 거리와 골목'까지 나아간 공간의 이동은 '큰길과 울타리가'로 확장된다. 공간을 확장할수록 정결법은 불투명해지고 대상의 제약은 약해진다. 이제 주인의 잔치에는 '누구나' 참여할 수 있게 되었다. 초대를 받은 사람만 참여할 수 있는 관례는 무너졌다. 원하는 사람이라면 조건 없이 주인의 잔치에 참여할 수 있다.

"사람들을 억지로라도 데려다가 내 집을 채워라"는 말은 가히 충격적이다. 원하는 사람은 물론이지만, 원하지 않는 사람일지라도 주인의 잔치에 참여해야 한다. 잔치에 참여하는 일은 이제 선택이 아니라 당위의 문제다. 다만 여기서 초대를 거부한 사람들은 제외된다. 그들은 자신들이 잔치에 참여하지 않으면 주인은 망신을 당하고 잔치는 불발될 것이라고 생각했을 것이다. 이러한 상황이 자신들의 존재감을 돋보이게 할 수 있을 것이라고 생각했는지도 모른다. 자신들이 주인의 잔치를 좌지우지할 수 있는 사람들임을 드러내고 싶어 했는지도 모른

예수가 하려던 말들

다. 그들은 주인의 수치를 자신들의 명예로 만들 작정이었다. 그러나 이제 거부의 주체는 그들이 아니라 주인이다.

그들이 없어도 주인의 잔치는 열린다. 그들을 빼고, 누구든지 주인의 잔치에서 즐거움을 누릴 수 있고 또한 누려야 한다. 새롭게 열리는 주인의 잔치는 주인의 명예를 다시 세워 줄 것이다. 한 번도 이런 잔치를 맛보지 못한 사람들이 주인의 집에서 놀라운 경험을 할 것이기 때문이다. 그리고 이 놀라운 경험은 참여자들의 존재를 새롭게 한다. 당시 초대 문화는 '끼리끼리'의 문화였다. 초대받은 사람은 초대하는 주인과 동류에 속하는 것이 일반적 상식이다. 그렇다면 이제 주인의 집에서 잔치를 즐기는 사람들은 주인과 새로운 동류 관계를 맺는다. 그동안 더럽고 부정한 사람이라고 손가락질을 받았던 사람들, 길을 가다가 어쩌다 들렀을 사람들. 주인의 잔치는 이 모두를 새로운 사람으로 만든다. 갑작스럽게도 말이다.

잔치 한 번으로 '무엇이 그렇게 새롭게 되겠냐?'라는 냉소적인 질문은 알맞지 않다. 이것은 비유이기 때문이다. 잔치 비유는 같이 밥을 먹는 이유에 대해 설명한다. 예수의 식탁이 예수와 같이 밥을 먹는 세리와 죄인들에게 새로운 의를 부여한 것처럼, 잔치 비유는 이 잔치에 참여한 사람들의 존재를 종말론적으로 변화시킨다. 이는 잔치 비유의 핵심이다. 주인의 잔치를 거부한 사람들은 이제 주인으로부터 떨어져 나가는 반면, 주인의 잔치에 참여한 사람들은 주인으로 말미암아 새로운 사람이 된다. 관습에 따른 명예를 내려놓고 조건 없이 모든 사람을 잔치로 부른 주인으로 말미암아, 이제 새로운 인간 이해가 생겨난 것이다. '그렇구나! 잔치에 참여하지 못할 사람은 없었구나!' 하는 이해 말이다.

시내의 거리와 골목, 큰길과 울타리가에서 불러 모은 사람들로 채워진 주인의 잔치는 정말 신나는 경험이다. 각양각색의 사람들, 함께하리라고는 생각지도 못했던 사람들이 같은 잔치 자리에 있는 모습을 상상해 보라! 이는 마치 철학자 들뢰즈G. Deleuze의 '그리고…그리고…그리고…'를 상기시킨다. 수목형의 질서에 대한 대안으로 들뢰즈가 내놓는 체계는 **리좀**rhizome이다. 리좀은 땅 밑 줄기, 곧 구근 혹은 덩이줄기를 의미한다. 반면, 수목형 체계는 뿌리와 가지와 잎의 위계가 있는데, 이는 계층적 위계질서를 강조하는 중앙집권적 체계다.

수목형 체계와 달리 리좀은 중앙집권화 혹은 위계질서화가 되지 않는다. 리좀은 상태들이 순환하고 있는 체계로서 어떤 지점이든 다른 지점과 연결될 수 있고 뿌리를 내리지 않은 지역이라도 번져 나갈 수 있다. 리좀은 분산이며 각각의 것이며 모두다. 리좀은 각각의 모든 것을 생성하며, 각각의 모든

예수가 하려던 말들

것에 생명력을 부여한다. 리좀은 어떤 곳에서든 끊어질 수 있지만, 자신의 특성에 따라 혹은 다른 새로운 선들을 따라 복귀가 가능하기에 그 자체로 충분한 의미와 기능을 확보한다. 리좀은 동일한 것이 아닌 서로 다른 것들을 연결하며 그것들이 서로 작동하게 한다.

이때 리좀은 '고원'들로 이루어진다. 고원은 중간에 있는 것으로서 시작이나 끝에 있지 않다. 고원은 가장 높은 무엇이기도 하다. 표면적인 땅 밑 줄기를 통해서 서로 연결되어 리좀을 확장해 가는 모든 다양체가 고원이다. 들뢰즈와 가타리F. Guattari가 말하는 '천 개의 고원'은 수많은 고원을 이르는 것으로서 개개의 모든 존재의 차별 없는 존엄성을 드러낸다. 고원은 그것 자체로 충만하며 스스로를 향해 강렬하게 나아가기 때문이다. 그러므로 리좀은 개개의 모든 존재를 고원으로 인식하며 끊임없이 이어진다. 이것이 바로 리좀이 '그리고…그리고…그리고…'라는 접속사를 조직으로 갖는 이유다.

'그리고…그리고…그리고…'는 항상 마음에 설렘을 준다. 모든 인간을 차별 없이 '그리고'로 연결하면서 각각의 인간을 더없는 고원으로 만들기 때문이다. '그리고…그리고…그리고…'는 수목형의 체계로는 상상할 수 없는 그림을 그려 줌으로써 우리 모두가 각각이 살아 있고, 의미 있고, 생생한 존재라는 것을 깨닫게 한다. 한 번도 경험한 적 없는 세계를 꿈꾸게 한다. 예수는 이 리좀의 형태를 새로운 잔치에서 놀랍게 구현한다. 시내의 거리를 서성이던 사람들 **그리고** 골목에 쭈그리고 앉아 있던 사람들 **그리고** 큰길을 어슬렁거리던 사람들 **그리고** 울타리가를 넘고 있던 사람들 **그리고** 가난한 사람들 **그리고** 지체에 장애가 있는 사람들 **그리고** 눈먼 사람들 **그리고** 다리 저는 사람들…**그리고 나**…**그리고 우리**…. 잔치는 새로운 생명으로 넘쳐 난다.

9. 네가 되다

예수께서 응답하여 말씀하셨다. "어떤 사람이 예루살렘에서 여리고로 내려가다가 강도들을 만났다. 강도들이 그 옷을 벗기고 때려서, 거의 죽게 된 채로 내버려 두고 갔다. 마침 어떤 제사장이 그 길로 내려가다가, 그 사람을 보고 피하여 지나갔다. 이와 같이, 레위 사람도 그 곳에 이르러서, 그 사람을 보고 피하여 지나갔다. 그러나 어떤 사마리아 사람은 길을 가다가, 그 사람이 있는 곳에 이르러, 그를 보고 측은한 마음이 들어서, 가까이 가서, 그 상처에 올리브 기름과 포도주를 붓고 싸맨 다음에, 자기 짐승에 태워서, 여관으로 데리고 가서 돌보아 주었다. 다음날 그는 두 데나리온을 꺼내어서, 여관 주인에게 주고, 말하기를 '이 사람을 돌보아 주십시오. 비용이 더 들면, 내가 돌아오는 길에 갚겠습니다' 하였다."   누가복음 10:30-35

하나님 나라가 모두에게 조건 없이 개방되어 있다는 사실은

분명하다. 그러나 그것은 바리새인들이나 사두개인들이 기대하던 하나님 나라와 달랐다. 그러므로 예수의 하나님 나라는 늘 그들을 공격하고 그들의 생각을 뒤엎으면서 하나님의 진정한 통치가 무엇인지를 설명했다. 우리에게 잘 알려진 '선한 사마리아인 비유'도 그중 하나다. 사마리아인에 붙은 '선한'이라는 형용사는 비유 자체에는 나오지 않는다. 그러나 비유를 들은 사람이라면, 그에게 '선하다'라는 형용사를 붙이는 것을 전혀 이상하게 여기지 않을 것이다.

그런데 사마리아인에 '선한'을 붙여서 '선한 사마리아인'이라고 부르는 것은 당시 상황에서 볼 때 어울리지 않았다. 이는 마치 네모난 동그라미처럼 불가능한 개념이었다. 유대인과 사마리아인 사이에는 오랜 갈등의 역사가 있었다. 이스라엘이 남과 북으로 갈라진 뒤, 북이스라엘은 앗시리아에게 멸망당했다. 사마리아는 앗시리아의 지배하에 들어갔고, 그 지역은 이방인의 거주지가 되었다. 남유다의 입장에서 그곳은 더러워진 땅이었고 불결한 사람들의 집합소였다. 결국 사마리아와 유대는 분리되었고 서로 다른 곳에서 하나님을 섬기며 서로에 대한 증오를 키웠다. 예수 당시까지도 변함이 없었다. 갈등과 증오는 고조되었다. 유대인들에게 '선한 사마리아인'이라는 개념은 있을 수 없었다.

예수가 하려던 말들

이런 배경을 염두에 둔다면, 선한 사마리아인이라는 비유의 제목 자체는 매우 파격적이다. 파격적인 제목은 내용으로부터 연유하는 것이니, 물론 내용도 당시의 사람들에게는 충분히 충격적이었을 것이다. 비유는 예루살렘에서 여리고로 내려가는 길에서 강도를 만난 사람으로부터 시작한다. 예수의 비유에서 구체적인 장소가 언급되는 것은 이 본문이 유일하다. 아마도 강도가 출현하기 딱 좋은 환경을 상기시키기 위함이었을 것이다. 예루살렘에서 여리고로 내려가기 위해서는 사막 지역을 통과해야 했는데, 그곳에는 몸을 숨길 수 있는 동굴이 많았다. 이 지역에서는 종종 강도들이 동굴에 숨었다가 지나가는 사람들을 위협하는 일이 발생하곤 했다. 비유를 듣는 사람들은 예루살렘에서 여리고를 향한 여행 이야기를 듣자마자 이미 강도의 출몰을 예견했을지 모른다.

이런 위험 지역을 지나갈 수밖에 없는 사람들이 있었다. 여리고에는 제사장들이 이루고 있는 집성촌이 있었다. 그러므로 예루살렘에서 여리고로 가는 사람이라면 아마도 제사장들이나 유대인들일 경우가 일반적이라고 할 수 있다. 물론 그들만이 이 길을 독점한 것은 아니지만 말이다. 유대인들이 많이 지나가고, 강도가 빈번한 이 위험한 길을 사마리아 사람이 혼자 지나간다는 것은 이 비유에서 가장 비현실적인 세팅이다. 예루살렘에서 여리고로 가는 길에 강도를 만난 한 사람이 있었다. 그의 옷이 벗겨져 있었기에 그의 신분을 알 방법은 없다. 그러나 지금까지의 상상력을 동원해 보면, 강도 만난 사람을 유대인으로 상정한다고 해서 문제가 될 것은 없다. 그는 강도를 만나서 모든 것을 잃었고 죽을 위기에 처해 있었다.

이때 구세주처럼 등장한 사람이 있다. 제사장이다. 예루살렘에서 여리고로 내려가는 길에 가장 일상적으로 만날 수 있고 일반인들이 믿을 수 있는 사람이 제사장이다. 그러나 그는 '그 사람을 보고 피하여 지나갔다.' 강도 만난 사람에게 찾아온 절호의 기회는 그렇게 날아갔다. 그다음 레위인이 지나갔다. 강도 만난 사람에게 다가온 또 다른 기회다. 레위인이라고 해서 반드시 제사장인 것은 아니지만, 제사장은 레위인들에게서 나온다. 레위인은 유대인들에게 종교 지도자라는 특수한 위치를 차지하고 있는 지파다. 그러나 그도 역시 '그 사람을 보고 피하여 지나갔다.' 유대인들이 믿을 만한 사람이었는데 말이다.

제사장이 그냥 지나갔고 레위인도 그냥 지나갔다는 이 이중 부정은 강도 만난 사람의 희망이 점점 사라지고 있는 현실을 보여 준다. 이는 그들을 죽음에서 구해 줄 지도자의 부재를 그대로 노출하는 것이기도 하다. 이 절망적 상황에서 사마리아 사람이 강도 만난 사람의 앞을 지나간다. 세 번째로 사마리아 사람이 예기치 않게 등장했을 때, 아마도 비유를 듣던 사람들은 모두 같이 한숨을 쉬었을지 모른다. 제사장이나 레위인이 주지 못한 도움을 더러운 사마리아 사람이 준다는 것을 상상하기 어려웠기 때문이다. 더욱이 강도 만난 사람이 유대인이라면, 사마리아 사람이 그 불쌍한 사람을 조롱하는 끔찍한 상상까지도 했을 것이다.

그러나 이제부터 예수의 비유에는 놀라운 반전이 시작된다. 그 사마리아 사람은 '그를 보고 측은한 마음이 들었다.' 이 얼마나 놀라운 일인가! 사마리아 사람이 측은한 마음을 갖다니! 이 비유는 '그 사람을 보고 피하여 지나갔다'라는 행위와 '그를 보고 측은한 마음이 들었다'라는 행위를 극적으로 대비시킨다. 더불어 부정한 사마리아 사람과 '측은한 마음'을 연결시킴으로써 놀라움은 배가된다. 그리고 이후 사마리아 사람의 행동들은 그의 측은한 마음을 더욱 나타낸다. 이미 사마리아 사람의 측은한 마음에서 놀랐다면, 이후에 이어지는 이야기는 충분히 이해가 될 일들이다.

사마리아 사람의 놀라운 자비를 보면 볼수록 제사장과 레위인의 행동이 야속해진다. 그들은 왜 이리도 빨리 강도 만난 사람을 지나쳤을까? 만약 그들이 강도 만난 사람이 죽었다고 생각했다면 그들의 행위는 타당성이 있다. 제사장은 부정한 주검을 만져서는 안 된다. 그도 부정해지기 때문이다. 그러나 그가 이미 죽은 상태였어도, 미쉬나나 탈무드에서 버려진 주검을 돌보는 행위가 토라를 공부하는 것보다 더 훌륭한 일이라고 말하는 것을 상기한다면, 그들의 행동은 야박하기 그지없다. 심지어 강도 만난 사람은 죽지 않았다! 그는 죽음의 위기에 처해 있었고 제사장과 레위인은 사마리아 사람처럼 그를 살릴 수 있었다. 그가 아직 살아 있었기 때문에 그를 살려야 하는 것은 율법이고 당위다.

제사장과 레위인의 '지나침'은 강도 만난 사람이 그들에게는 귀찮고 의미 없는 존재였다는 사실을 보여 준다. 아마도 그 강도 만난 사람이 예루살렘에 있었을 때, 그는 제사장과 레위인의 동류였을지 모른다. 그러나 이 시점에서 그는 단지 지나치고 싶은 무의미한 사람일 뿐이다. 인간사가 다 그렇기는 하지만, 제사장과 레위인은 참으로 냉정했다. 그 냉정함은 사마리아 사람의 측은한 마음과 대비된다. 이 비유는 유대인과 사마리아인의 인종적 대비 뒷면에 있는 냉정함과 측은함, 지나침과 돌봄을 대조한다. 이러한 대조가 무엇을 뜻하는지 알기 위해서는 이 비유를 둘러싸고 있는 이야기를 살펴볼 필요가 있다.

예수가 하려던 말들

예수의 비유는 어떤 율법 교사의 질문으로부터 시작한다. 그는 "선생님, 내가 무엇을 해야 영생을 얻겠습니까?"라고 물었고, 예수는 "율법에 무엇이라고 기록하였으며, 너는 그것을 어떻게 이해하고 있느냐?"라고 그에게 되물었다. 율법 교사는 "네 마음을 다하고 네 목숨을 다하고 네 힘을 다하고 네 뜻을 다하여, 주 너의 하나님을 사랑하여라. 네 이웃을 네 몸같이 사랑하여라"라고 답했다. 예수가 "네 대답이 옳다. 그대로 행하여라. 그러면 살 것이다"라고 말하자 그 율법 교사는 자기를 옳게 보이고 싶어서 "그러면, 내 이웃이 누구입니까?"라고 예수에게 다시 물었다.

이 비유는 '내 이웃이 누구입니까?'라는 질문에 대한 답변이다. 율법 교사는 예수에게 질문을 했지만, 이미 자신의 이웃이 누구인지 알고 있었다. 그가 질문한 이유는 단지 잘난 척하기 위해서였다. 유대인들에게 누가 이웃인지는 분명하다. 자신들의 정결을 지켜 줄 수 있는 존재가 이웃이다. 그들은 자신들의 경계 안에서 이웃을 규정한다. 이런 의미에서 강도 만난 사람은 그들의 이웃이 아니다. 이웃은 신분이 확실한 사람이어야 한다. 매를 맞고 옷이 벗겨져서 거의 죽을 위기에 처한 신원 불명의 사람은 이웃이 아니다. 그러니 이웃이 아닌 그를 지나친 것은 그리 이상한 일이 아니었다.

비유 자체만으로 이해할 수 없는 그들의 행동은 이웃에 대한 물음과 연결해야 이해가 가능해진다. 비유를 마친 예수는 율법 교사에게 다시 질문한다. "너는 이 세 사람 가운데서, 누가 강도 만난 사람에게 이웃이 되어 주었다고 생각하느냐?" 여기서 놀라운 사실은 질문이 바뀌었다는 데 있다. 율법 교사는 "내 이웃이 누구입니까?"라고 물었고 예수는 비유로 답했다. 비유에 담긴 핵심 질문은 이것이다. "누가 강도 만난 사람에게 이웃이 되어 주었느냐?" 예수의 관심은 이웃의 존재를 규명하는 데 있지 않았다. 예수의 이 질문으로 인해 사마리아 사람은 강도 만난 사람의 이웃이 될 수 있었다.

비유는 '~이기being'와 '~되기becoming'의 틀 안에서 그 의미를 분명히 한다. 들뢰즈는 '이기'와 '되기'를 설명하기 위해서 **몰**mol이라는 개념을 사용한다. 아보가드로의 법칙에 따라 22.4리터의 부피 안에 들어 있는 일정수의 기체들을 1몰로 규정하고, 이것이 하나의 단위가 된다. 이때 하나의 몰은 한 가족, 한 교회, 혹은 한 공동체로 이해될 수 있다. 여러 개의 몰이 모여서 커다란 사회를 이룬다. 이때 몰들 간의 상호 역학에 따라 힘의 배치, 곧 권력관계가 이루어진다. 몰 자체가 힘이 되는 것이다. 그러나 몰 안에 있는 개개의 분자는 균일하며 차별이 없다. 분자들은 존재라는 의미에서 어떤 범주적

예수가 하려던 말들

차이도 없다. 그러나 분자들은 자신이 속한 몰의 성격을 부여받고, 몰의 가치로 개인의 가치가 결정된다.

이러한 상황에서 힘이 있는 몰의 분자들은 그 힘을 유지하려고 하는데 이를 '~이기'라고 부른다. 반면 어떤 분자들은 자신의 몰을 벗어나 다른 몰에 들어가려고 하는데 이를 '~되기'라고 부른다. 일상 속에서 '~되기'는 힘없는 몰에서 힘센 몰로 올라가려는 처절함을 보인다. 그러나 들뢰즈는 그것은 진정한 의미의 '~되기'가 아니라고 말한다. 진정한 '~되기'는 놀랍게도 힘센 몰에서 힘없는 몰로의 이동을 통해서 이루어진다. 이러한 이동이 몰 사이의 불균형을 깨고 몰 안에 있는 개개의 분자가 가진 존재의 의미를 보존하기 때문이다. 그러므로 '~되기'의 궁극성은 '분자 되기'다. 다른 외부 조건에 의존하지 않고 몰을 벗어던지고 개개의 분자 자체의 의미를 회복하는 것이다. 분자 되기는 몰의 획일성을 탈피하고 다양성을 지향하며, 힘센 몰이 휘두르는 폭력으로부터 자유롭게 되는 것이다. 분자 되기는 조직과 규율에 얽매인 개인이 자신으로 존재하는 방법이며, 그 개인이 다른 개체와 함께 의미를 찾는 길이다.

분자 되기는 단순히 개인 되기가 아니라, 무리/다양체 되기다. 이는 각각의 분자가 사회적 제약에 따른 차별을 벗어나 존재의 다름을 인정하며 함께 살아가는 비책이다. 그러므로 '~되기'는 모색하는 것이며 싸우는 것이고 뚫고 나가는 것이며 새로운 길을 찾아 나서는 것이다. 사마리아 사람처럼 말이다. 그는 자신과 전혀 다른 사람, 신분이 불확실한 사람, 죽을지도 모르는 사람, 어쩌면 자신을 위태롭게 만들 수도 있는 사람에게 다가갔다. 사마리아 사람은 위험에 발을 들여놓았다. 그러나 그 위험하고 불투명한 발걸음을 예수는 응원한다. 그리고 이웃이 누구인지를 묻는 율법 교사에게 예수는 말한다. "가서, 너도 그와 같이 하여라." 예수의 말뜻은 무엇인가? 이웃이 되기 위해서 사마리아 사람처럼 모색하고, 싸우고, 뚫고 나가서, 새로운 삶을 살라는 것이다.

새로운 삶은 '~이기'의 포기를 통해서 이루어진다. 자신의 이웃을 규정하려던 율법 교사, 강도 만난 사람을 지나친 제사장과 레위인, 그들은 모두 '~이기'의 삶을 사는 사람들이다. 더 안전하고 더 견고하고 더 확증된 삶을 붙잡는 것, 그것이 바로 '~이기'다. 자신의 기득권을 유지하고, 자신에게 해를 끼칠 수 있는 대상을 증오하며, 자신의 소유를 더욱 놓지 않으려는 힘은 이러한 '~이기'에서 비롯한다. 비유 속 그들처럼 말이다. 그러나 비유를 듣는 사람들은 알아차렸을 것이다. 그들의 '~이기'에서 나오는 냉혹함이 무척 끔찍하다는 사

예수가 하려던 말들

실을 말이다. 그들이 내뿜는 냉기가 강도 만난 사람을 정말로 죽일 뻔하지 않았는가! 사마리아 사람이 나타나지 않았더라면 그는 목숨을 잃었을 것이다.

예수의 비유를 듣는 사람들은 어떠했을까? 비유를 들으며 자신들을 누구와 동일시했을까? 아마도 예수를 따르던 궁핍한 사람들은 자신들의 처지가 강도 만난 사람과 별반 다르지 않다고 생각했을 것이다. 그들은 강도 만난 사람을 지나쳐 멀리 떠나가는 발소리 하나하나에 함께 절망했을 것이다. 그리고 자신들에게 손을 내미는 사람을 간절히 기다리지 않았을까? 자신들처럼 '되어서' 그 고통에 함께 아파하며 측은한 마음을 가져 줄 이웃을 기대하지 않았을까?

아마도 그들은 알아차렸을 것이다. 사마리아 사람의 측은한 마음이, 그가 강도 만난 사람에게서 자신을 보았기에 생겨났음을 말이다. 사마리아 사람은 강도 만난 사람의 고통 속에서 자신의 절망을 마주했을 것이다. 아마도 그가 절망했을 때, 누군가가 지금의 그처럼 손을 잡아주지 않았을까? 누군가가 그에게 위로의 말을 전하지 않았을까? "너는 더럽지 않아… 너는 살아야 하는 사람이야…." 강도 만난 사람은 피해야 할 부정한 존재가 아니라, 다가가서 살려 내야 할 존재임을 사마리아 사람이 깨달은 이유는 분명하다. 바로 자신이 그 강도

만난 자였기 때문이다. 이웃이 아니었던 그는 그렇게 이웃이
되었다.

10. 사이를 확장하다

"인자가 모든 천사와 더불어 영광에 둘러싸여서 올 때에, 그는 자기의 영광스러운 보좌에 앉을 것이다. 그는 모든 민족을 자기 앞으로 불러모아 목자가 양과 염소를 가르듯이 그들을 갈라서, 양은 그의 오른쪽에, 염소는 그의 왼쪽에 세울 것이다. 그 때에 임금은 자기 오른쪽에 있는 사람들에게 말하기를 '내 아버지께 복을 받은 사람들아, 와서, 창세 때로부터 너희를 위하여 준비한 이 나라를 차지하여라. 너희는, 내가 주렸을 때에 내게 먹을 것을 주었고, 목말랐을 때에 마실 것을 주었고, 나그네 되었을 때에 영접하였고, 헐벗었을 때에 입을 것을 주었고, 병들었을 때에 돌보아 주었고, 감옥에 갇혔을 때에 찾아 주었다' 할 것이다. 그 때에 의인들은 그에게 대답하여 말하기를 '주님, 우리가 언제, 주께서 주리신 것을 보고 잡수실 것을 드리고, 목마르신 것을 보고 마실 것을 드리고, 나그네 되신 것을 보고 영접하고, 헐벗으신 것을 보고 입을 것을 드리고, 언제, 병드시거나 감옥에 갇히신 것을 보고 찾아갔습니까?' 할 것이다. 그 때에 임금이 그들에게 말할 것이다. '내가 진정으로 너희에게 말한다. 너희가 여기 내 형제자매 가운데, 지극히 보잘 것 없는 사람 하나에게 한 것이 곧 내게 한 것이다.' 그 때에 그는 또 왼쪽에 있는 사람들에게도 말할 것이다. '저주받은 자들아, 내게서 떠나서, 악마와 그 부하들을 가두려고 준비한 영원한 불 속으로 들어가거라. 너희는, 내가 주렸을 때에 내게 먹을 것을 주지 않았고, 목말랐을 때에 마실 것을 주지 않았고, 나그네 되었을 때에 영접하지 않았고, 헐벗었을 때에 입을 것을 주지 않았고, 병들었을 때나 감옥에 갇혔을 때에 찾아주지 않았다.' 그 때에 그들도 대답하여 말할 것이다. '주님, 우리가 언제, 주께서 굶주리신 것이나, 목마르신 것이나, 나그네 되신 것이나, 헐벗으신 것이나, 병드신 것이나, 감옥에 갇히신 것을 보고도 돌보아 드리지 않았다는 것입니까?' 그 때에 임금은 대답하기를 '내가 진정으로 너희에게 말한다. 여기 이 사람들 가운데서 지극히 보잘 것 없는 사람 하나에게 하지 않은 것이 곧 내게 하지 않은 것이다' 하고 말할 것이다. 그리하여, 그들은 영원한 형벌로 들어가고, 의인들은 영원한 삶으로 들어갈 것이다."

마태복음 25:31-46

'~이기'를 포기하고 '~되기'를 추구하는 삶은 말처럼 쉽지 않다. 그것은 날마다 스스로를 재촉하고 삶의 매 순간을 돌아보

예수가 하려던 말들

아야 하는 일이기 때문이다. '~되기'는 안주가 아닌 도전이고 모험이다. '~되기'는 지금까지 자신을 지켜 주던 몰을 벗어나 새로운 몰로 진입하는 것이며 궁극적으로 분자와의 만남을 추구하는 것이다. 또한 스스로 새로운 사람이 되는 것이며 사람을 새롭게 만나는 것이기도 하다. 지금까지 알아 왔던 사람의 겉모습, 혹은 그 사람을 규정하던 틀을 넘어 어떤 틀에도 가둘 수 없는 사람 자체를 보게 하는 것이 '~되기'의 힘이다. 그러므로 '~되기'의 가장 중요한 특징은 관계의 확장이다.

'~되기'의 이런 모습을 보여 주는 비유가 바로 '세계 심판 비유' 혹은 '양과 염소 비유'다. 이 비유들의 내용은 매우 단순하다. 비유는 마지막 때의 심판을 배경으로 종말론적 내용을 전한다. 그렇다고 이 비유가 세상의 마지막에 초점을 맞추고 있는 것은 아니다. 이 비유는 '마지막을 향해 가는 세상에서 지금 어떻게 살 것인가?'를 묻는다. 마지막 때 나누어지는 그룹은 양과 염소로 구분된다. 이 두 그룹의 차이는 무엇을 했는지, 하지 않았는지에 있다.

양으로 지칭되는 그룹이 한 일은 다음과 같다. '예수가 주렸을 때에 예수에게 먹을 것을 준 것, 목말랐을 때에 마실 것을 준 것, 나그네 되었을 때에 영접한 것, 헐벗었을 때에 입을 것을 준 것, 병들었을 때에 돌보아 준 것, 감옥에 갇혔을 때에 찾아 준 것.' 염소로 지칭되는 그룹은 양이 속한 그룹이 한 이 일들을 하지 않았다.

그들의 행위에 대한 예수의 말씀은 두 그룹 모두를 놀라게 했다. 그러므로 그들은 예수에게 동일한 질문을 한다. 양들은 물었다. "주님, 우리가 언제, 주께서 주리신 것을 보고 잡수실 것을 드리고, 목마르신 것을 보고 마실 것을 드리고, 나그네 되신 것을 보고 영접하고, 헐벗으신 것을 보고 입을 것을 드리고, 언제, 병드시거나 감옥에 갇히신 것을 보고 찾아갔습니까?" 반면 염소들은 이렇게 물었다. "주님, 우리가 언제, 주께서 굶주리신 것이나, 목마르신 것이나, 나그네 되신 것이나, 헐벗으신 것이나, 병드신 것이나, 감옥에 갇히신 것을 보고도 돌보아 드리지 않았다는 것입니까?" 아마도 그들 모두는 예수를 만난 적이 없다. 우리처럼 말이다.

그러나 양들에 대한 예수의 대답은 명확하다. "너희가 여기 내 형제자매 가운데, 지극히 보잘 것 없는 사람 하나에게 한 것이 곧 내게 한 것이다." 또한 염소들에 대한 예수의 대답도 명확하다. "여기 이 사람들 가운데서 지극히 보잘 것 없는 사람 하나에게 하지 않은 것이 곧 내게 하지 않은 것이다." 과연 양들은 횡재를 했다고 환호했을까? 염소들은 억울하다고 울분을 토했을까? 이 모든 것은 이미 쓸데없는 일이 되어

　　　　　　　　　　　　　예수가 하려던 말들

버렸다. 그들은 예수를 도왔다고 환호할 수 있는 사람들도 아니고, 예수를 보지 못했다고 억울해할 수 있는 사람들도 아니다. 그들은 단지 자신들의 삶을 돌아볼 뿐이다. 무엇이 자신들을 양과 염소로 나뉘게 했는지를 돌아볼 뿐이다. 그들의 삶을 나눈 것은 '~이기'와 '~되기'다. 양은 자신의 '~되기'의 삶을, 염소는 자신의 '~이기'의 삶을 돌아볼 뿐이다.

굶주린 사람에게 먹을 것을 줄 때, 목마른 사람에게 마실 것을 줄 때, 나그네 된 사람을 영접할 때, 헐벗은 사람에게 입을 것을 챙겨 줄 때, 병든 사람과 감옥에 갇힌 사람을 돌보아 줄 때, 양들은 어떤 마음이었을까? 아마도 사마리아 사람의 마음과 같았을 것이다. '너는 그토록 고통을 받던 나구나!' 이때 측은한 마음은 밥으로, 물로, 옷으로, 환대와 위로로 변한다. 그들은 이웃이 된다. 그러나 어떤 이들은 도움이 절실히 필요한 사람들을 보아도 측은한 마음이 일지 않는다. 그들은 왜 이렇게 냉정한 것일까?

어쩌면 그들은 그렇게 차가운 사람들이 아닐지 모른다. 자신의 아들이 굶주렸을 때, 자신의 딸이 목말랐을 때, 자신의 친척이 나그네가 되었을 때, 자신의 형제가 헐벗었을 때, 자신의 부모가 병들었거나 감옥에 갇혔을 때, 그들은 최선을 다했을 것이다. 그들은 자신들의 이웃에게 좋은 사람들이었다.

그들은 자신의 이웃을 지킬 수 있는 사람들이었을 것이다. 그래서 그들은 자신들이 왜 염소인지를 이해하지 못했던 것이다. 염소로 분류된 사람들은 아마도 생각처럼 나쁜 사람들이 아닐지 모른다. 그들은 지금 악을 행했다고 심판을 받고 있는 것이 아니다. '그저'라는 말을 여기에 붙여도 되는지 모르겠지만, 그들은 그저 할 수 있는 일을 하지 않았을 뿐이다.

그들은 배고픈 사람은 그저 배고픈 사람으로, 목마른 사람은 그저 목마른 사람으로, 나그네 된 사람은 그저 나그네 된 사람으로, 헐벗은 사람은 그저 헐벗은 사람으로, 병들거나 감옥에 갇힌 사람은 그저 병들고 감옥에 갇힌 사람으로 보았을 뿐이다. 그저 그뿐이다! 그런데 예수는 이를 그냥 넘어가지 않는다. '왜 그처럼 되지 않았냐?'고 묻는다. '왜 그를 보면서 예수의 배고픔, 목마름, 나그네 됨, 헐벗음, 병듦, 옥살이를 생각해 내지 못했냐?'고 묻는다. 예수는 확실히 이런 질문을 할 만하다. 그는 하나님과 동등한 자격을 가지고 있었지만 그것을 누리지 않고 사람이 '되었기' 때문이다. 가장 먼저, 가장 분명하게, '~되기'를 실천한 이가 예수다. '말씀이 육신이 되었다'는 곧 '~되기'의 전형이다. 그러니 예수가 그의 이름을 부르는 자들에게 '~되기'를 요구하는 것은 당연하다. '~되기'를 이루지 못한 자들을 염소라고 부르며 심판하는 것도 당연하다.

'~되기'는 사람을 보는 새로운 눈이며, 사람의 고원성을 찾아가는 길이다. 이는 지금 배고프고 목마르고 나그네 되었고 헐벗고 병들었고 옥살이를 하고 있더라도, 그가 귀한 하나님의 피조물이라는 사실을 기억하는 눈이다. 또한 사람과 새로운 관계를 맺고 확장해 가는 과정이다. 이 모든 것은 '~이기'로는 이룰 수 없는 삶이다. '~이기'는 끊임없이 사람들 사이를 가르고 언제나 중심을 고집하며 경계를 확정하고 방어하고 공격한다. 너의 배고픔, 목마름, 나그네 됨, 헐벗음, 병듦, 옥살이는 나와 무관하다고 말한다. '~이기'는 자신보다 못한 사람들과 언제나 손절할 태세를 취한다. 그들이 자신을 언제든지 위태롭게 할 수 있다고 생각하기 때문이다.

그러므로 '~이기'는 인트라intra를, '~되기'는 인터inter를 지향한다. 철학자 김용석은 '사이'라는 말에는 이중적 의미가 있음을 지적한다. 하나는 인트라고 다른 하나는 인터다. 인터는 'between'의 의미를 갖는 단어로서, 어떤 것과 다른 것의 중간, 관계, 상호성을 의미한다. 반면 인트라는 'within'의 의미를 갖는 단어로서, 어떤 것의 일정한 범위, 안, 내부 환경 등을 의미한다. 인터는 자신 외에 다른 것과의 관계를 강조하는 반면, 인트라는 범위의 형성이나 환경 조성을 강조한다. 인트라는 내부 사이의 결속에 관심을 가지는 반면, 인터는 외부와의 확장에 관심을 가진다.

'~이기'가 인트라에 집중한다면, '~되기'는 인터에 집중한다. '우리 사이'에서 '사이'는 인트라의 의미를 가지며, 이것은 자칫 끼리끼리로 전환된다. 이때 '우리 사이'는 '~이기'를 확보하고 유지하는 수단이 된다. 반면, '나와 너 사이'에서 '사이'는 인터의 의미를 가지며, 이것은 다른 것과의 상호성에 눈길을 돌린다. '나와 너 사이'는 '~되기'를 모색하며 나아간다. 이미 구성된 내부의 결속도 물론 중요하다. 그러나 그것이 배타와 배제에서 벗어나려면, 외부와의 연결이나 연합은 필수적이다. 이런 면에서 '우리 사이'는 '나와 너 사이'로, '~이기'는 '~되기'로 나아가야 한다.

염소들의 실패는 이 지점일 것이다. 그들은 나쁜 사람들이 아니었지만, 더 이상 나아가지 못했다. 그들 사이에 있는 배고픔과 목마름과 나그네 됨과 헐벗음과 병듦과 옥살이는 돌보았을지 모르지만, 그들 밖에 있는 사람들에게는 그렇게 하지 않았다. 그들은 예수를 알았을 것이다. 그러나 예수가 배고픈 사람이 되었고, 목마른 사람이 되었고, 나그네 된 사람이 되었고, 헐벗은 사람이 되었고, 병든 사람이 되었고, 감옥에 갇힌 사람이 되었다는 사실은 몰랐다. 그들은 예수를 믿었을지 모르지만, 예수처럼 '되기'를 실천하지는 못했다.

예수가 하려던 말들

그들은 사마리아 사람처럼 이웃이 되어 측은한 마음을 베풀지 못했다. 그러나 그들이 다른 어떤 것들은 잘 해냈을지 모른다는 생각이 들면, 자꾸만 그들에게 측은한 마음이 든다. 아마도 내가 꼭 그들처럼 행하고 있는 것은 아닐까 하는 우려 때문이다. 나도 배고픈 사람들과 목마른 사람들과 나그네 된 사람들과 헐벗은 사람들과 병들고 감옥에 갇힌 사람들을 그저 그런 사람들로 보았기 때문이다. 그저 그렇게 생각했을 뿐이다. 그저 그렇게 지나쳤을 뿐이다.

11.   폭력에서 벗어나다

예수께서 그들에게, 늘 기도하고 낙심하지 말아야 한다는 뜻으로, 비유를 하나 말씀하셨다. "어느 도시에 하나님을 두려워하지 않고, 사람도 존중하지 않는, 어떤 재판관이 있었다. 그 도시에 과부가 한 사람이 있었는데, 그는 그 재판관에게 줄곧 찾아가서 '내 적대자에게서 내 권리를 찾아 주십시오' 하고 졸랐다. 그 재판관은 한동안 들어주려고 하지 않다가, 얼마 뒤에 이렇게 혼자 말하였다. '내가 정말 하나님을 두려워하지 않고, 사람도 존중하지 않지만, 이 과부가 나를 이렇게 귀찮게 하니, 그의 권리를 찾아 주어야 하겠다. 그렇게 하지 않으면, 그가 자꾸만 찾아와서 나를 못 견디게 할 것이다.'" 주께서 말씀하셨다. "너희는 이 불의한 재판관이 무어라 말하였는지 귀담아 들어라. 하나님께서 자기에게 밤낮으로 부르짖는, 택하신 백성의 권리를 찾아 주지 않으시고, 모른 체하고 오래 그들을 내버려 두시겠느냐? 내가 너희에게 말한다. 하나님께서는 얼른 그들의 권리를 찾아 주실 것이다. 그러나 인자가 올 때에, 세상에서 믿음을 찾아볼 수 있겠느냐?"   누가복음 18:1-8

하나님 나라는 단순히 개인적인 문제가 아니다. 하나님 나라는 왕의 통치와 대립하는 대안적 질서이며 낯설고 새로운 세상을 여는 문이다. 그러므로 구원의 문제를 다루면서 '개인적 구원이냐? 혹은 사회적 구원이냐?'를 묻는 질문은 이미 그 자체가 오류다. 개인과 사회는 분리되지 않는다. '인간은 사회적 존재'라는 고전적 명제를 들추지 않더라도, 인간은 혼자 살 수 없다. 인간이 공동체와 더불어 존재한다면, 구원은 개인적 문제이며 동시에 사회적 문제이기도 하다. 어느 쪽이 더 많은 영향을 끼치는지에 대해서 논란이 있다고 하더라도, 개인과 공동체는 분리될 수 없다.

그러므로 하나님 나라 비유는 개인적인 문제를 다루기도 하지만 또한 공동체의 문제를 다룬다. 그러나 많은 경우, 하나님 나라의 공동체성이 어떻게 구현되는지에 관해서는 관심을 갖지 않은 채, 많은 비유를 개인적으로만 해석한다. 불의한 재판관과 과부 비유도 마찬가지다. 줄곧 이 비유는 '열심히 쉬지 말고 기도하라! 그러면 소원하는 것을 얻을 것이다!'라는 주제로 이해된다. 이 비유를 통해서 기도와 개인적 목표는 밀접하게 연결되고, 기도는 개인의 소원을 이루는 중요한 도구가 된다.

　그러나 과연 그럴까? 물론 비유가 본격적으로 시작하기에 앞서 나오는 구절, "예수께서 그들에게, 늘 기도하고 낙심하지 말아야 한다는 뜻으로, 비유를 하나 말씀하셨다"가 오해의 단초를 제공하는 것은 사실이다. 비유에 붙은 이 서언이 비유를 '열심히 기도하라'는 권면으로 이끌기 때문이다. 그러나 서언에 오해의 소지가 있다면, 일단 서언을 잠시 접어 두고 본격적으로 비유 자체를 살펴보는 것도 좋은 방법이다. 비유는 어느 도시에 있는 불의한 재판관과 과부의 이야기를 들려준다.

　재판관에게 '불의한'이라는 수식어가 붙은 것은 그가 "하나님을 두려워하지 않고, 사람도 존중하지 않는" 사람이기 때문이다. 재판관이라면 하나님을 두려워하고 사람을 존중해야 하는데, 그는 전통적으로 재판관에게 요구되는 조건을 충족시키지 못하는 사람이다. 과부가 재판관에게 "내 적대자에게서 내 권리를 찾아 주십시오"라고 부르짖는 것을 보아서는, 아마도 과부는 지금 재판 중인 것 같다. 그러나 재판에서 정의가 실현되지 않자 지속적으로 재판관에게 찾아와서 간청을 하는 것이다. "내 적대자에게서 내 권리를 찾아 주십시오"는 '원수에 대해서 나에게 정의를 행하시오' 혹은 '원수에 대해서 나에게 일어난 일을 바로잡아 주시오'라는 의미다. 그러나 이미 하나님을 두려워하지도 않고 사람을 존중하지도 않는 재판관이 과부가 요구하는 정의에 관심을 가질 것이라고는 상상하기 어렵다.

누구에게도 기댈 곳이 없는 과부와 그 도시의 힘 있는 재판관의 관계는 '달걀로 바위 치기'를 떠올리게 한다. 이 일은 애초에 그른 것이다. 재판관은 꿈쩍도 하지 않고 얼마간을 버텼다. 그러나 결과는 놀랍다. 재판관의 마음은 결국 과부의 청을 들어주겠다는 쪽으로 기울어졌다. 그러나 겉으로 드러난 것보다 더 놀라운 것은 재판관의 속마음이다. 재판관이 과부의 청을 들어준 이유는 자신이 과부의 요구를 들어주지 않는다면, 그녀가 자꾸만 찾아와서 자신을 못살게 할 것이기 때문이다. 재판관이 갑자기 개과천선해서 하나님의 정의에 눈을 뜬 것이 아니다. 그는 전혀 변하지 않았다. 다만, 성가신 과부가 귀찮았을 뿐이다.

이 비유의 재미는 바로 이 재판관의 속마음이다. 우리가 그의 속마음을 몰랐다면, 그의 판결과 과부의 노력에 감동했을지 모른다. 그러나 비유는 그의 속마음을 적나라하게 드러내 준다. 그는 여전히 불의하다. 그러므로 과부의 해피엔딩으로 비유가 진행되는 지점에서, 예수는 "이 불의한 재판관이 무어라 말하였는지 귀담아 들어라"라고 말하며 비유를 새로운 국면으로 전환시킨다. 예수의 이러한 지적은 "내가 정말 하나님을 두려워하지 않고, 사람도 존중하지 않지만, 이 과부가 나를 이렇게 귀찮게 하니, 그의 권리를 찾아 주어야 하겠다. 그렇게 하지 않으면, 그가 자꾸만 찾아와서 나를 못 견디게 할 것이다"를 다시 한번 반복하는 결과를 초래한다.

예수는 왜 우리를 재판관의 못된 속마음으로 인도하는 것일까? 예수의 지적은 이제 과부가 무엇을 해야 할 것인지를 선택하게 만든다. 첫 번째, 재판관이 불의하더라도 자신의 소원을 이루었으니 과부는 감사하며 집으로 돌아가는 것을 선택할 수 있다. 두 번째, 과부의 소원은 이루었지만 재판관이 여전히 불의하다면, 과부는 자신의 소원 성취에 만족할 수 없다. 그 도시에 지속적으로 제2, 제3의 과부가 나올 것이기 때문이다. 과부는 계속해서 재판관을 귀찮게 하는 일을 선택할 수 있다. 대개의 경우, 첫 번째 선택을 선호한다. 원하는 것을 얻었으면 충분하다는 생각이다. 그래서 기도는 '자신이 원하는 것을 얻는 것'으로 정의된다.

그렇다면 과연 기도는 진정 자신이 원하는 것을 얻기 위한 행위인가? 이 비유에는 또한 이해되지 않는 점이 있다. 불의한 재판관에게 낙심하지 않고 그렇게 지속적으로 매달려서 원하

예수가 하려던 말들

는 것을 얻었음에도 불구하고, '그러나 인자가 올 때에, 세상에서 믿음을 찾아볼 수 있겠느냐?'라는 구절이 비유의 마지막에 첨가되어 있기 때문이다. 마지막 질문은 매우 부정적인 답변을 상정하게 한다. 마지막 때에 세상에서 믿음을 찾아보기 어려울 것이라는 말이다. 이렇게 끈질기게 기도해서 자신의 요구를 관철한 과부의 비유를 들은 사람들에게, 믿음을 볼 수 없을 것이라는 예수의 염려는 무엇을 의미하는 것일까?

어쩌면 예수는 이 비유를 통해서 사람들이 첫 번째 선택을 할 것을 염려했던 것은 아닐까? 자신의 요구가 이루어진 것에만 만족하고 지속적으로 억울한 과부가 나올 수밖에 없는 현실에 등을 돌리는 세상에서 무슨 믿음을 볼 수 있을 것인가? 이 비유는 어떻게 해서라도 불의한 재판관에게서 네 요구를 이루어 내라고 말하지 않는다. 비유는 여전히 불의한 재판관이 하나님도 두려워하지 않고 사람도 존중하지 않는 세상에서, '너는 무엇을 할 것인가?'를 묻는다. 과부는 기쁨으로 집에 돌아가기보다 불의한 재판관의 속내를 간파하고 정의를 행해 달라고 지속하여 부르짖어야 한다. 이것이 바로 기도다.

기도는 자신의 소원이 이루어질 때까지 지속해야 하는 것이 아니라, 그 도시에서 불의한 재판관이 사라질 때까지 하는 것이다. 또한 그 도시에서 억울한 과부가 나오지 않을 때까지 함께 외치는 것이 바로 기도다. 소원을 들어주었음에도 지속되는 정의에 대한 과부의 요구는 재판관의 의도와 예상을 완전히 넘어선다. 과부의 끊임없는 부르짖음은 재판관을 끔찍한 개미지옥에 빠뜨릴 것이다. 상상만으로도 통쾌한 일이다! 그래서 사실 기도는 말이 안 되는 행위다. 변하지 않을 권력에 대한 힘없는 사람들의 대항, 곧 달걀로 바위 치기이기 때문이다.

그러나 이런 불가능한 일을 해내는 것이 믿음이다. 예수는 불가능으로 달려갈 수 있는 새로운 힘을 부여한다. 그 도시에는 존재하지 않는 정의의 세계를 보여 준다. 예수는 불의한 재판관의 세계와는 전혀 다른 하나님 나라를 보여 준다. 하나님은 자신에게 부르짖는 백성의 권리를 속히 찾아 주실 것이다. 하나님 나라는 불의한 재판관이 득실거리는 세계와 다르다. 지금은 여전히 불의한 세계에 있다고 하더라도, 하나님이 통치하는 세계에 대한 믿음이 있다면, 그로부터 불가능한 힘이 나온다. 믿음은 자신이 다른 세계에 있음을, 그래서 자신이 하나님의 정의를 실현하는 자임을 드러내는 것이다.

믿음은 자신의 이익에서 만족하는 것이 아니라, 하나님이 택하신 이들의 정의를 공유하는 일이다. 집으로 돌아가지 않고 끈질기게 정의를 외치는 과부만이 마지막 때에 믿음을 보

예수가 하려던 말들

일 수 있을 것이다. 이 비유는 정의를 실현하는 공동체를 지향한다. 그러므로 모두가 자신의 소원에 만족할 때, 그것은 바른 믿음이 아니라고 가르친다. 정의가 요원해 보일 때라도, 수많은 과부의 외침이 단지 달걀로 바위 치기처럼 보일지라도, 함께 지속적으로 낙담하지 않고 희망을 나누는 것이 믿음이다. 그럴 때야 비로소 하나님의 통치를 받는 사람들의 삶이 어떻게 다른지가 드러나며 믿음은 새로운 희망의 상징이 될 것이다.

사회학자 부르디외P. Bourdieu는 개인의 행동이 주관적 의지를 통해서 이루어진다고 하더라도, 개인의 행동은 과거로부터 누적된 사회적 관행에 영향을 받고 있음을 강조한다. 개인은 사회적, 역사적 영향으로부터 벗어날 수 없다. 사회와 인간의 이러한 상호성에 대한 관심으로부터 나온 개념이 '아비투스habitus'다. 아비투스는 아리스토텔레스가 사용한 '습관habitude'에서 연유한 개념으로서, 일정한 방향을 갖는 마음과 일정한 방향으로 행동하는 몸의 통합이다. 아비투스는 특정한 개인의 몸속에 체화된 것이기 때문에 개인적인 것이며 또한 그 개인이 놓여 있는 사회적 위상을 반영하기 때문에 사회적인 것이다.

그러므로 부르디외는 아비투스를 '구조화된 구조'라고 말한다. 이는 체계적 행위 양식의 형태로 몸속에 자리 잡은 사회질서이기 때문이다. 그러나 아비투스는 또한 '구조화하는 구조'이기도 하다. 아비투스는 불평등한 구조를 재생산하는 기능을 수행하기 때문이다. 상위 계급에 속한 사람들은 자신들의 아비투스를 구조화하며 그것을 구조화된 것으로 만든다. 힘을 가진 사람들의 아비투스가 정당화되고 보편화되는 과정과 그렇지 못한 사람들의 무의식적이고 능동적인 수용을 통해서, 아비투스는 끊임없이 구조화하고 구조화된다.

이때 다양한 집단 간의 이해관계를 억누르고 은폐하면서 권력자들의 이해관계를 보편적으로 만드는 것을 '상징적 폭력'이라고 부른다. 진짜가 아닌 것을 진짜로, 사실이 아닌 것을 진리로 포장하는 폭력이다. 그러나 그것이 표면적인 폭력이라면 모든 사람에게 문제로 다가오겠지만, 상징적 행위는 폭력을 진리와 질서로 착각하게 만들어 사람들의 눈을 가린다. 상징적 폭력은 집단적 기대와 사회적으로 주입된 믿음을 토대로 하기 때문에 복종이라고 지각되지 않는 복종을 강요한다. 폭력을 폭력으로 인식하지 못하는 무지가, 구조화된 구조를 끊임없이 구조화하는 역할을 한다.

과부가 자신의 소원이 성취된 기쁨을 가지고 집으로 돌아갔다면, 그것은 무엇을 뜻하는가? 그녀는 악독한 재판관을

예수가 하려던 말들

상대로 승리를 쟁취하고 자신의 몫을 챙김으로써, 달걀로 바위를 친 영웅이 되었을 것이다. 그러나 이로써 그녀는 불의한 재판관의 구조화된 구조를 또다시 구조화하는 역할을 담당한다. 불의한 재판관은 변하지 않았기 때문이다. 그녀는 불의한 사람들의 불의한 구조를 뒷받침한다. 그리고 그것이 기도의 힘이고 믿음의 승리로 여겨지는 순간, 믿음은 상징적 폭력의 일환으로 전환된다. 여기서 믿음은 불의한 구조를 공고히 하는 데 사용되는 도구일 뿐이다. 불의한 재판관은 그의 속마음과 달리 자비로운 사람이 되었고 이제 그의 불의는 더욱 명분을 얻을 것이다.

그러므로 비유에 덧붙여진 마지막 구절, "그러나 인자가 올 때에, 세상에서 믿음을 찾아볼 수 있겠느냐?"는 가벼운 발걸음으로 돌아가는 그녀를 멈추어 세운다. 과부는 이제 흠칫 놀라서 발걸음을 멈추고 생각해야 한다. 그리고 물어야 한다. 믿음은 무엇인가? 기도로 무엇을 해야 하는가? 하나님의 택한 백성이 하나님 나라에서 기억할 것은 무엇인가? 믿음은 새로운 질서에 대한 참여다. 믿음은 자신만이 아니라 우리 모두를 구원으로 이끈다. 우리 모두가 하나님의 백성이라는 사실을 기억해야 한다. 기도는 이러한 믿음을 드러내는 행위다. 이것이 바로 하나님 나라의 아비투스다.

이 비유는 하나님 나라의 아비투스가 무엇인지를 생각하게 한다. 하나님 나라와 세상의 통치가 요구하는 아비투스가 다르기 때문이다. 하나님 나라는 우리로 하여금 세상의 상징적 폭력에 휩쓸린 아비투스에서 벗어나게 한다. 그리고 새로운 아비투스를 요구한다. 이는 하나님의 정의를 구조화하는 아비투스다. 불의로 구조화된 아비투스를 버리고 새로운 아비투스를 만드는 일은 힘겹다. 몸에 베인, 태생부터 익숙한, 그 일을 버리는 행위이기 때문이다. 이는 겉으로 드러난 것뿐만 아니라 속마음까지 간파해야 하는 일이다.

새로운 아비투스를 위해서 기도는 매우 중요하다. 기도는 자신의 욕망을 이루는 것이 아니다. 자신의 소원을 이루는 것보다 그 도시에 하나님의 정의가 드러나는 것이 중요하다. 낙심하지 말고 기도를 계속하라는 말은 이런 뜻일 것이다. 그 도시에서 제2, 제3의 과부가 나오지 않도록, 불의한 재판관의 음흉한 속마음이 드러나도록, 믿음이 도시를 휘감고 있는 상징적 폭력을 물리칠 수 있도록, 달걀로 바위 치기를 할 수 있는 유일한 힘은 기도다. 기도는 우리 모두를 함께 살 수 있도록 묶는 하나님의 상징이다. 그러나 하나님 나라의 아비투스를 실현할 수 있을 때만 기도는 믿음으로 이어질 수 있을 것이다.

예수가 하려던 말들

12. 함께 기뻐하다

예수께서 다시 여러 가지 비유로 그들에게 말씀하셨다. "하나님 나라는 자기 아들의 혼인 잔치를 베푼 어떤 임금에게 비길 수 있다. 임금이 자기 종들을 보내서, 초대받은 사람들을 잔치에 불러오게 하였는데, 그들은 오려고 하지 않았다. 그래서 다시 다른 종들을 보내며, 이렇게 말하였다. '초대받은 사람들에게로 가서, 음식을 다 차리고, 황소와 살진 짐승을 잡아서 모든 준비를 마쳤으니, 어서 잔치에 오시라고 하여라.' 그런데 초대받은 사람들은 그 말을 들은 척도 하지 않고, 저마다 제 갈 곳으로 떠나갔다. 한 사람은 자기 밭으로 가고, 한 사람은 장사하러 갔다. 그리고 나머지 사람들은 임금이 보낸 종들을 붙잡아서, 모욕하고 죽였다. 임금은 노해서, 자기 군대를 보내어 그 살인자들을 죽이고, 그들의 도시를 불살라 버렸다. 그리고 자기 종들에게 말하였다. '혼인 잔치는 준비되었는데, 초대받은 사람들은 이것을 받을 만한 자격이 없다. 그러니 너희는 네거리로 나가서, 아무나, 만나는 대로 잔치에 청해 오너라.' 종들은 큰길로 나가서, 악한 사람이나, 선한 사람이나, 만나는 대로 다 데려왔다. 그래서 혼인 잔치 자리는 손님으로 가득 차게 되었다. 임금이 손님들을 만나러 들어갔다가, 거기에 혼인 예복을 입지 않은 사람이 한 명 있는 것을 보고서 '친구여, 그대는 혼인 예복을 입지 않았는데, 어떻게 여기에 들어왔는가?' 하고 물으니, 그는 아무 말도 하지 못하였다. 그 때에 임금이 종들에게 말하기를 '이 사람의 손발을 묶어서, 바깥 어두운 데로 내던져라. 거기에서 슬피 울며 이를 갈 것이다' 하였다. 부름받은 사람은 많으나, 뽑힌 사람은 적다."   마태복음 22:1-14

하나의 비유가 사복음서에서 중복해서 나오는 경우가 종종 있다. 그러나 자세히 살펴보면, 같은 내용의 비유이기는 하지만 세세한 부분에서 차이가 난다. 같은 비유가 서로 다른 형태나 의미를 가지게 되는 것은 아마도 전승의 과정에서 발생했을 것이다. 예수의 말씀이 듣는 이들의 입을 거쳐 전해지는 과정에서 의미 분화들이 일어날 수밖에 없었을 것이기 때문이다. 이런 분화들은 예수의 비유를 이해하는 사람들의 다양한 입장을 반영한다고 볼 수 있다. 같은 이야기를 들어도 청자에 따라서 그에 대한 이해가 달라지고, 그 변형된 형태로 이야기들이 전해진다. 앞에서 큰 잔치 비유로 불린 것이 마태

예수가 하려던 말들

복음에서는 '왕의 아들의 혼인잔치 비유'로 나온다.

두 비유의 전체 구조는 동일하다. 그러나 세부적인 면에서는 차이가 있고, 그 차이를 통해서 비유는 다양한 형태로 변주된다. 두 비유 모두 잔치를 배설하는 주인이 있고, 관례에 따라 사람들을 초청하는 과정이 있다. 그리고 초청된 사람의 거부가 있고 주인의 분노와 새로운 방법으로 잔치를 여는 모습이 나타난다. 그런데 세부적으로 보면, 왕의 아들의 혼인 잔치 비유에서 잔치의 주관자는 단순한 부자 정도가 아니다. 잔치의 주관자는 왕이며 목적은 왕의 아들의 혼인이다. 왕의 아들의 혼인 잔치에 대한 비유라면, 전체적인 이야기의 성격이 변화할 수밖에 없다. 왕의 잔치, 그것도 왕의 아들의 혼인 잔치에 초대를 받는다는 것은 대단한 명예다.

언급되지 않았다고 하더라도, 초대받은 사람들의 성격도 어느 정도 규정할 수 있다. 그들은 아마도 왕과 어느 정도의 신뢰가 있을 뿐 아니라 신분도 보장된 사람들이었을 것이다. 그런데 그들이 그 잔치를 거부했다는 것은 무엇을 의미하는가? 이는 한마디로 불충이다. 왕의 초대는 일종의 명령이며, 참석은 그들의 의무다. 왕의 잔치에 참여하기를 거부하는 것은 왕과의 관계를 거부하는 일이다. 그들이 왕을 왕으로서 인정하지 않는다는 것을 의미한다. 그들은 심지어 왕이 보낸 종들을 붙잡아서, 모욕하고 죽였다. 그들은 왕의 권위에 도전했다. 먼저 파국을 만든 것은 그들이다. 왕이 노해서, 자기 군대를 보내어 그 살인자들을 죽이고, 그들의 도시를 불사른 것은 과한 처사라고 볼 수 없다.

이로써 왕에게 반역한 사람들에 대한 문제는 해결되었지만, 왕의 아들의 혼인 잔치라는 문제는 여전히 남아 있다. 왕은 지금까지와는 다른 방법으로 사람들을 불러 모은다. 왕은 종들을 네거리로 내보내면서 아무나 데려오라고 명한다. 잔치에 참여할 수 있는 조건은 없다. 종들은 왕의 명령대로 악한 사람과 선한 사람을 가리지 않고 데려왔다. 새롭게 잔치에 참여하는 사람들에게 어떠한 조건도 필요하지 않다는 면에서는, 큰 잔치 비유와 왕의 아들의 혼인 잔치 비유는 닮았다. 이야기의 구성도 여기까지는 일치한다. 그러나 여기서 왕의 아들의 혼인 잔치 비유에 새로운 이야기가 첨가된다.

잔치가 열리고 왕이 손님들을 만나러 들어가면서 문제는 새로운 국면을 맞이한다. 왕의 잔치에 예복을 입지 않은 사람이 있었기 때문이다. 왕은 그를 그냥 지나치지 않고, "혼인 예복을 입지 않았는데, 어떻게 여기에 들어왔는가?"라고 묻는다. 왕의 이런 질문에 대해서 나는 종종 사람들에게 다시 묻는다. 이 사람이 도대체 어떤 옷을 입었기에 왕은 이런 질문

예수가 하려던 말들

을 하는가? 거의 모든 사람의 대답은 같다. 그는 잔치에 어울리지 않는 허름한 옷을 입고 있었고, 그러니 왕의 잔치에서 쫓겨나는 것은 당연하다고 말한다. 그러나 이런 대답은 또 다른 의문을 자아낸다. 길을 가다가 황급히 끌려오다시피 잔치에 참여한 사람에게 예복 운운하는 것이 무언가 이상하지 않은가? 선한 사람이든 악한 사람이든 가리지 않더니 좋은 옷을 입은 사람과 나쁜 옷을 입은 사람을 가린다는 것은 앞뒤가 안 맞는 것 아닌가? 아무 의심 없이 그 사람이 더러운 옷을 입었을 것이라고 추측하는 것은 문맥과 맞지 않는다.

이 상황을 이해하기 위해서는 당시 고대의 관습을 염두에 둘 필요가 있다. 고대 사회의 관습에 따르면, 잔치에 필요한 예복은 잔치를 주최한 쪽에서 준비한다. 그러니 왕의 아들의 혼인 잔치에서도 왕은 손님들을 위한 예복을 준비했을 것이고, 길거리에서 불리어 온 모든 사람도 그 예복을 입고 잔치에 참여할 수 있었을 것이다. 그러므로 왕의 잔치에 참여하는 사람들은 자신들의 남루한 모습을 염려할 필요가 없었다. 서로 다른 조건과 상황 가운데 있던 사람들이 똑같은 예복을 입음으로써, 그들은 왕 앞에서 드러내고 싶지 않은 모습을 감추고 동일한 자격을 획득한다. 왕이 주는 예복을 입는 것은 왕의 권위를 받아들인다는 표시다. 조건 없이 잔치에 참여한 그들에게 단 하나의 조건은 왕이 주는 예복을 입는 것이었다.

그렇다면 이 사람은 왜 왕의 예복을 입지 않았을까? 이유는 간단하다. 그는 아마도 자신의 옷에 왕의 예복 따위를 덧입을 필요가 없다고 생각했을 것이다. 이 사람이 남루한 옷을 입었을 것이라는 상상은 착각이다. 그는 아마 매우 멋진 옷을 입었을 것이고, 자신의 옷에 심취해 있었을 것이다. 그는 자신의 값비싼 옷을 가린 왕의 예복을 입고 다른 사람과 똑같은 모습으로 잔치에 앉아 있는 상황을 참을 수 없었을 것이다. 아마도 그는 멋진 옷을 입고 흐뭇한 표정으로 자신의 높은 신분을 과시하며 왕을 맞이했을 것이다. 하지만 왕은 그를 내쫓는다. 그에게 남은 것은 끝나지 않을 슬픔이다. 그는 멋진 옷 때문에 왕의 기쁨을 누릴 수 없었다.

큰 잔치 비유가 '누가 잔치에 참여할 수 있는가?'를 강조하고 있다면, 왕의 아들의 혼인 잔치 비유는 '누가 잔치에 참여할 수 없는가?'를 강조한다. '누가 잔치에 참여할 수 있는가?'에 대한 답은 분명하다. 잔치에는 누구나 참여할 수 있다. 잔치에 참여할 수 있는 사람의 조건은 없다. 그동안 있던 모든 제약과 관습은 파기되었다. 그러므로 잔치는 새 시대의 도래를 알린다. '누가 잔치에 참여할 수 없는가?'에 대한 답도 분명하다. 누구나 참여할 수 있는 잔치이지만, 잔치에 알맞은 예복을 입는다는 조건을 지켜야 한다. 그러나 사실 이 조건은 그리 어렵지 않다. 잔치에 참여하는 사람이 새롭게 무엇을 해야 하는 것이 아니기 때문이다. 그저 주는 옷을 입기만 하면 된다. 그것도 싫다면, 할 수 없다.

예복을 입지 않은 이 사람의 태도는 앞에서 언급한 상징적 폭력과 연관된다. 상징적 폭력이 궁극적으로 도달하는 것은 '구별 짓기'다. 구별 짓기는 자신의 특별한 양식으로 상대방을 차별하는 것이다. 너와 나는 다르다고 말하는 것이다. 누군가는 구별 짓기를 통해서 자신들의 취향과 문화를 바르고 정당한 것으로 만들며, 누군가는 이를 추앙한다. 누군가는 자신의 문화와 지위에 우월감을 느끼며, 누군가는 그 밖에서 좌절하고 절망한다. 자신들의 테두리 안으로 들어오려는 사람들을 막기 위한 끊임없는 발길질과, 거짓으로라도 그들 안으로 편입하려는 사람들의 피나는 노력 사이에는 거대한 장벽이 있다. 더 높은 곳에 편입되려는 온갖 몸부림과 그럼에도 '너는 올 수 없어'라고 말하는 누군가의 서늘한 눈초리가 겹쳐진다.

예복을 입지 않으려는 사람이 예복을 거부함으로써 지키려고 한 것은 지금까지 자신을 지켜 준 가치다. 그는 멋진 옷과 높은 신분으로 대우를 받아 왔고 스스로를 다른 사람과 구별함으로써 자신의 정체성을 유지했다. 예복을 거부한 것이 뭐가 그렇게 잘못된 일인가? 그는 그저 자신이 정당하다고 받아들인 것을 실현했을 뿐이다. 그는 명품 옷과 높은 신분을 선善이라고 말하는 사회 속에서 그것을 누리며 살아왔을 뿐이다. 갑자기 오게 된 잔치에서 그는 이제껏 귀하게 여기고 지켜 온 것을 버릴 이유를 찾지 못했다. 그러나 문제는 잔치를 베푼 왕이 지금까지 당연하다고 생각하던 가치를 더 이상 당연한 가치로 받아들이지 않았다는 데 있다. 이미 왕을 거부한 사람들을 진멸시키면서, 왕은 이제 자신의 잔치를 새롭게 꾸미기로 작정했다. 왕의 방향이 바뀌었다.

예복을 입지 않은 사람은 왕이 바뀌었다는 것을 알아차리지 못했다. 자신이 아무리 잘났다고 하더라도 그는 처음부터 왕의 잔치에 초대받을 정도의 사람이 아니었다는 것을 깨닫지 못했다. 이제라도 자신이 잔치에 올 수 있던 것이 멋진 옷 때문이 아니라는 사실을 알아차렸다면 어땠을까. 자신에게 익숙한 가치로 왕과 기쁨을 나눌 수 없다는 사실을 깨달았다면 그의 삶은 달라졌을 것이다. 왕은 스스로를 구별하며 다른 사람들과의 차이를 통해서 자신의 정체성을 유지하려는 사람을 받아들이지 않는다. 그들이 가치를 두는 것에 왕은 더 이상의 가치를 두지 않는다. 왕의 초대를 거부하는 사람을 보

예수가 하려던 말들

면서 왕은 정책을 바꾸었다.

왕이 진멸한 것은 자신들의 명예와 욕망으로 가득 찬 그들의 구별 짓기다. 그리고 이제 조건 없이 불러들인 사람들에게 새로운 질서를 요구한다. 길거리에서 불리어 온 사람들은 이전의 질서에서라면 왕의 면전에 설 수 없는 사람들이다. 그러나 이제 왕은 그들을 부르고, 그들에게 예복을 입히며, 새로운 요구를 한다. 왕이 그들과 함께 만들어 갈 세상은 왕 앞에서 차별이 없는 곳이다. 모두에게 입혀 놓은 예복을 통해서, 그들을 하나로 만들고, 왕의 잔치에서 기쁨을 누리게 한다. 그 기쁨에 다른 조건은 없다. 하나님 나라 안에는 자신들의 잣대에 따른 구별 짓기 따위는 존재하지 않는다.

13. 생각하는 대로 살다

예수께서 그들에게 또 다른 비유를 들어서 말씀하셨다. "하나님 나라는 자기 밭에다가 좋은 씨를 뿌리는 사람과 같다. 사람들이 잠자는 동안에 원수가 와서, 밀 가운데 가라지를 뿌리고 갔다. 줄기가 나서 열매를 맺을 때에, 가라지도 보였다. 그래서 주인의 종들이 와서, 그에게 말하였다. '주인 어른, 어른께서 밭에 좋은 씨를 뿌리지 않으셨습니까? 그런데 가라지가 어디에서 생겼습니까?' 주인이 종들에게 말하기를 '원수가 그렇게 하였구나' 하였다. 종들이 주인에게 말하기를 '그러면 우리가 가서, 그것들을 뽑아 버릴까요?' 하였다. 그러나 주인은 이렇게 대답하였다. '아니다. 가라지를 뽑다가, 그것과 함께 밀까지 뽑으면, 어떻게 하겠느냐? 거둘 때가 될 때까지 둘 다 함께 자라게 내버려 두어라. 거둘 때에, 내가 일꾼에게, 먼저 가라지를 뽑아 단으로 묶어서 불태워 버리고, 밀은 내 곳간에 거두어들이라고 하겠다.'"

마태복음 13:24-30

예수가 하려던 말들

상징적 폭력이 우리의 삶에서 작동할 때, 개인은 무지의 상태에서 특정한 가치에 동화된다. 알아차리지 못하는 사이에 발생하는 익숙함 속에서 믿음을 지키는 일은 쉽지 않다. 하나님에 대한 믿음은 새로운 가치를 따르는 일이다. 만일 믿음이 상징적 폭력의 힘을 알아차리지 못한다면, 도리어 믿음은 새로움이 아니라 구태를 공고히 하는 기제가 되기도 한다. 우리는 큰 집을 선호하듯 큰 교회를 선호하지 않는가? 명품 차를 부러워하듯 멋지고 훌륭한 믿음의 결실을 부러워하고 있지 않은가? 결국 화려하고 멋지고 큰 것들은 하나님의 복과 은혜라는 명분을 얻으며 어느새 악순환의 구조를 유지하고 있지 않은가?

인식하지 못하는 사이에 익숙해진 상징적 폭력에서 믿음을 걸러 내는 일은 결코 쉽지 않다. 세상에서뿐만 아니라, 믿음의 공동체 안에서 믿음을 분별하는 일은 정말 어려운 일이다. 하나님에 대한 믿음이라는 하나의 공통점을 가지고 모였지만, 믿음의 모양은 각기 다르다. 그래서 우리가 경험하는 현실에서 하나님 나라는 결코 이상적理想的이지 않다. 오히려 이상異狀하리만큼 현실적이다. '곡식과 가라지 비유'는 이러한 하나님 나라의 모습을 잘 보여 준다. 예수는 하나님 나라를 좋은 씨를 자신의 밭에 뿌린 사람에 비유한다. 좋은 씨를 뿌렸으니 그 밭에서 좋은 곡식이 자라는 것은 당연하다. 그러나 처음에는 알지 못했던 문제가 열매를 맺을 즈음에 발생했다. 주인이 뿌리지도 않은 가라지가 그 밭에서 발견된 것이다.

주인이 뿌리지 않았다는 것을 확인하자, 종들은 주인에게 가라지를 뽑겠다고 말한다. 밭에서 가라지를 뽑겠다는 종들의 의지는 당연하다. 그러나 주인은 이를 허락하지 않는다. 통상적으로 추수를 하는 것은 종들이지만, 주인은 곡식과 가라지를 나누는 일을 다른 일꾼에게 맡기겠다고 한다. 비유를 보면, 추수 때가 가까워 온 것이 사실이다. 하지만 언제 추수가 이루어질지는 알 수 없다. 그렇다면 추수를 할 때까지 가라지와 곡식은 한 밭에 같이 있어야 한다. 좋은 씨를 뿌린 밭에서 가라지를 보는 것은 괴로운 일이지만, 추수 전에 가라지를 뽑는 일이 금지되었으니 어쩔 수 없는 노릇이다.

이와 유사한 '그물 비유'가 있다. "하나님 나라는 바다에 그물을 던져서, 온갖 고기를 잡아 올리는 것과 같다. 그물이 가득 차면, 해변에 끌어올려 놓고 앉아서, 좋은 것들은 그릇에 담고, 나쁜 것들은 내버린다"(마 13:47-48). 좋은 씨를 뿌린 밭에 가라지와 곡식이 함께 있는 것처럼, 그물에도 좋은 물고기만 있는 것은 아니다. 그물에는 온갖 물고기가 있으며 좋은 물고기와 나쁜 물고기를 나누는 일은 그물을 해변으로 끌

예수가 하려던 말들

어올린 후에야 가능하다. 해변으로 그물을 끌어올릴 때가 세상의 마지막을 의미한다는 것은 덧붙여진 설명에서 분명해진다. "세상 끝 날에도 이렇게 할 것이다. 천사들이 와서, 의인들 사이에서 악한 자들을 가려내서, 그들을 불 아궁이 속에 던질 것이니, 그들은 거기에서 울며 이를 갈 것이다"(마 13:49-50).

이 비유들을 깨닫기 위해서는 하나님 나라에 대한 종말론적 이해를 살펴야 한다. "세상 끝 날"이라는 표현의 뜻이 바로 종말이다. 하나님 나라는 세상 종말에 임할 것이다. 그때는 모든 악이 사라지고 하나님의 통치가 만천하에 드러날 것이다. 그러나 예수가 이렇게 미래적 하나님 나라만 선포한 것은 아니다. 예수는 하나님 나라가 이미 우리 안에 있다고 말한다. 예수는 종말에 일어날 하나님 나라를 현재 우리의 역사 안으로 앞당겨 왔다. 그러므로 우리는 예수 그리스도로 말미암아 이미 임한 현재적 하나님 나라를 누린다. 현재적 하나님 나라는 세상의 왕들이 통치하는 이 땅에서 세상의 통치와 대립한 채 존재한다. 하나님 나라를 악과 함께 이야기할 수밖에 없는 이유가 바로 이 때문이다.

곡식과 가라지 비유 및 그물 비유는 이 현재적 하나님 나라를 말한다. 마지막이 올 때까지, 현재적 하나님 나라는 가라지와 곡식이 함께 자라는 밭이며 나쁜 물고기와 좋은 물고기가 함께 있는 그물이다. 이 비유들이 놀랍지 않은가? 하나님 나라에 가라지가 웬 말이고 나쁜 물고기가 웬 말인가! 우리가 이 세상에서 경험하는 현재적 하나님 나라는 이상적理想的이지 않다. 하나님 나라 안팎에 가라지와 나쁜 물고기들이 있기는 마찬가지다. 그리고 예수는 하나님 나라 비유를 통해서 우리에게 이 딜레마를 견디라고 말한다. 마지막 때에야 문제가 해결될 것이기 때문이다.

그물 비유에서는 주인의 의도를 알 수 없지만, 곡식과 가라지 비유에는 주인의 의도가 분명하게 나온다. 주인이 가라지 뽑는 것을 금한 이유는 가라지를 뽑다가 곡식이 함께 뽑힐 수도 있기 때문이다. 가라지를 뽑는 일은 정교한 작업이다. 밭고랑을 지나가다가 멀쩡한 곡식을 짓밟을 수도 있고, 뿌리가 서로 얽혀 있는 가라지와 곡식을 분리하는 것도 쉬운 일이 아니다. 그러므로 보다 더 전문적인 일꾼이 필요하다. 추수에 적합한 일꾼이 온다면, 그는 곡식을 건드리지 않고 가라지만 뽑을 수 있을 것이고, 주인의 곡식을 훼손하지 않고 곳간에 거둘 수 있을 것이다.

주인은 종들에게 가라지를 뽑을 권한을 주지 않는다. 현재적 하나님 나라에서 곡식과 가라지, 좋은 물고기와 나쁜 물고기를 나눌 수 있는 사람은 아무도 없다. 마지막 때까지 주인은 이 권한을 누구에게도 주지 않는다. 주인이 권한을 내주지 않은 다른 이유는 무엇일까? 아마도 주인의 기다림에서 연유하는 것 같다. 이것은 비유다. 진짜 가라지와 곡식, 나쁜 물고기와 좋은 물고기를 이야기하는 것이 아니다. 진짜 가라지라면 그것은 결코 곡식이 될 수 없다. 진짜 나쁜 물고기라면 그것은 좋은 물고기가 될 수 없다. 그러나 이것이 비유고 의인과 악인에 대한 이야기라면 사정은 달라진다. 나쁜 사람이라도 언제든지 좋은 사람이 될 수 있고, 좋은 사람이라도 언제든지 나쁜 사람이 될 수 있다. 주인은 마지막 때까지 기다린다. 그리고 종들이 섣부르게 좋은 사람과 나쁜 사람을 판가름하는 가능성도 봉쇄한다.

현재적 하나님 나라 안에 악한 사람이 있을 수 있다는 충격적인 이해는 철학자 아렌트H. Arendt의 주장을 상기시킨다. 악에 대한 새로운 이해를 드러낸 아렌트는 예루살렘에서 열린 아이히만A. Eichmann에 대한 재판을 참관했다. 아이히만은 제2차 세계 대전 당시 나치 수용소의 건설과 대량 학살을 주도한 독일 관료다. 아렌트의 의문은 아이히만이 악랄하게 유대인들을 학살했지만, 그가 자상한 아버지며 훌륭한 가장이었다는 사실로부터 기인한다. 아이히만은 이런 끔찍한 일을 저질렀다고는 상상하기 어려울 만큼 평범한 시민이었다. 더욱

이 그는 개인적으로는 유대인들에 대한 어떠한 적대감도 가지지 않았다. 그렇다면 평범한 한 사람이 어떻게 이토록 무서운 일을 저지를 수 있었을까?

아이히만은 자신은 명령 체계의 한 부분이었고 내려진 명령을 수행했을 뿐이라고 자신을 변호했다. 또한 일개 관료로서 내려진 명령에 복종하는 것이 미덕이지 처벌당할 일은 아니라고 항변했다. 아이히만의 변호사도 아이히만은 작은 톱니바퀴의 '이'에 불과하다고 주장했다. 아이히만은 자신이 속한 조직으로부터 부여받은 일을 성실하게 행한 사람일 뿐이다. 그는 조직의 일원으로 일한 톱니바퀴의 이인데 어떻게 그가 유대인 학살의 책임자가 될 수 있겠는가? 이에 대해 아렌트는 아이히만은 단순한 '이'가 아니라 '인간'이라는 점을 상기시킨다. 기계의 모든 톱니바퀴의 이들은 범죄를 행했을 때 즉시 법정에서 범죄의 수행자, 곧 인간으로 변형된다. 어떤 인간도 단순한 기능인으로 전락하지 않는다.

그러므로 아렌트는 아이히만의 근본적 악이 단순히 그가 수용소를 건설하고 학살을 주도했다는 데 있지 않고, '생각하지 않음'에 있었음을 강조한다. 아이히만의 죄는 '자기가 무엇을 하는지 알지 못했다'는 데 있다. 그는 생각하지 않고 판단하지 않았기에 무조건적으로 명령에 복종했다. 생각하지

예수가 하려던 말들

않은 그의 복종은 악으로 전환되었다. 그가 사유 능력을 잃었을 때, 그는 도덕적 능력까지 상실했기 때문이다. 아렌트가 예루살렘에서 얻은 교훈은 '생각하지 않음'이 인간 속에 존재하는 모든 악을 합친 것보다 더 큰 파멸을 가져올 수 있다는 깨달음이었다. 이로부터 아렌트가 강조한 것이 '악의 일상성' 혹은 '악의 평범성'이라는 개념이다.

인간이 생각하지 않고 도덕적 질문을 통해 스스로를 성찰하지 않을 때, 악은 우리의 일상에 존재하게 된다. 평범한 그 누구라도 그의 일상적 삶은 언제든지 악으로 전환될 수 있다. 나치의 잔인한 악행을 저지른 존재는 괴물이 아니다. 그 악행은 생각하기를 멈추고 조직의 명령을 묵묵히 수행한 사람에 의해서 발생했다. 아이히만은 평범한 인간이야말로 극도의 악이 될 수 있다는 가능성을 보여 주는 사례. '내가 해야 할 일이 무엇인가?'를 스스로 묻지 않는다면, 묵묵하고 성실한 삶도 의도치 않게 일상적 '악'으로 변할 수 있다. '악의 평범성'은 악이란 무엇인가 특별한 점이 있다는 고정 관념을 뒤흔든다. 악은 의도한 주체가 능동적으로 저지르는 행동일 수도 있지만, 본질적으로 볼 때 의도하지 않은 채 수동적으로 발생한다.

곡식과 가라지 비유에서도 주인이 뿌리지 않은 가라지가

자라는 것을 알 수 있는 사람은 없었다. 수확의 때가 다가오자 어느새 곡식 틈에서 가라지가 발견되었다. 언제, 어떻게 자랐는지 알 수 없는 가라지의 존재는 어쩌면 아렌트의 악의 평범성을 상기시킨다. 이는 단순히 가라지 이야기를 하고 있는 비유가 아니다. 하나님의 통치 안에 있음에도 불구하고 존재하는 가라지와 나쁜 물고기를 보면서 '나는 도대체 어떤 물고기일까?', '나는 어느새 가라지가 되어 있는 것은 아닌가?'와 같은 질문은 불가피하다. 누가 가라지고 나쁜 물고기인지를 구분하는 기술은 필요하지 않다. 이런 기술은 익힐 수도 없으며 만일 이런 기술이 있다고 한들 사용할 권한은 우리에게 없다. 단지 하나님 나라에서 자신의 존재와 행위를 질문하지 않는다면, 그 '생각하지 않음'이 어느새 악으로 변할 수밖에 없다는 사실을 기억해야 한다.

어느새 나쁜 물고기가 되고, 가라지가 되는 것은 그 누구의 탓이 아니다. 그렇게 정해진 사람은 없다. 모든 것이 자신의 문제다. 좋은 씨로 뿌려진 밭에 어느새 나타난 가라지가 '나'라면 이처럼 끔찍한 일도 없을 것이다. 그러므로 톱니바퀴의 '이'가 아니라 하나님의 '자녀'로 살기 위해서 끊임없이 물어야 한다. '나는 무엇을 해야 하는가?' 마지막 때, '나는 무엇으로 남을 것인가?' 그러나 모르는 사이 위력을 발휘하는

예수가 하려던 말들

상징적 폭력은 '너는 더 이상 생각하지 마! 너는 그저 하라는 대로만 하면 돼!'라고 말한다. 그리고 어느새 유행이 되고 가치가 된 그것들을 우리는 마음을 다하여 열심히 답습한다. 우리가 누리는 모든 것의 가치는 어느새 당연하게 되어 우리의 삶을 통제한다. 이 가치가 악인지 선인지 구분할 틈도 없다. 악이라고 하더라도, 모든 사람이 당연히 여기는 가치를 거스르는 행위는 너무도 어렵다.

그러나 작가인 부르제P. Bourget가 말한 대로, 생각하는 대로 살지 않으면 사는 대로 생각하게 된다. 그렇게 곡식은 가라지로 변하고, 좋은 물고기는 나쁜 물고기로 바뀐다. 현재적 하나님 나라는 확실히 이상적理想的이지 않다. 이상異狀은 하나님으로부터가 아니라 인간으로부터 기인한다. 하나님의 통치 아래 놓인 인간들은 늘 악의 평범성에 노출되어 있기 때문이다. 멀쩡해 보이는 사람들, 형사적 처벌 따위는 생각해 본 적 없는 사람들, 믿음으로 충만한 사람들, 그러나 어떤 사람도 스스로를 보증할 수 없다. 하나님 나라 안에 있다고 할지라도 안주할 수 있는 사람은 없다. 스스로 생각해야 한다. "깨어있으라!"는 예수의 권면은 아마도 이를 뜻하는 것이 아닐까.

14. 새로운 꿈을 꾸다

"하나님 나라는, 자기 포도원에서 일할 일꾼을 고용하려고 이른 아침에 집을 나선, 어떤 포도원 주인과 같다. 그는 하루에 한 데나리온으로 일꾼들과 합의하고, 그들을 포도원으로 보냈다. 또 아홉 시쯤에 나가서 보니, 사람들이 장터에서 빈둥거리며 서 있었다. 그가 그들에게 말하기를 '당신들도 포도원에 가서 일하시오. 적당한 품삯을 주겠소' 하였다. 그래서 그들이 일을 하러 떠났다. 주인이 다시 열두 시와 오후 세 시쯤에 나가서 그렇게 하였다. 오후 다섯 시쯤에 주인이 또 나가 보니, 아직도 빈둥거리고 있는 사람들이 있어서, 그들에게 '왜 당신들은 온종일 이렇게 하는 일 없이 빈둥거리고 있소?' 하고 물었다. 그들은 '아무도 우리에게 일을 시켜 주지 않아서, 이러고 있습니다' 하고 대답하였다. 그래서 그는 '당신들도 포도원에 가서 일을 하시오' 하고 말하였다. 저녁이 되어, 포도원 주인이 자기 관리인에게 말하기를 '일꾼들을 불러, 맨 나중에 온 사람들부터 시작하여 맨 먼저 온 사람들에게까지, 품삯을 치르시오' 하였다. 오후 다섯 시쯤부터 일을 한 일꾼들이 와서, 한 데나리온씩을 받았다. 그러니 맨 처음에 와서 일을 한 사람들은, 은근히 좀 더 받으려니 하고 생각하였는데, 그들도 한 데나리온씩을 받았다. 그들은 받고 나서, 주인에게 투덜거리며 말하기를 '마지막에 온 이 사람들은 한 시간밖에 일하지 않았는데도, 찌는 더위 속에서 온종일 수고한 우리들과 똑같이 대우를 하시는군요' 하였다. 그러자 주인이 그들 가운데 한 사람에게 말하였다. '친구여, 나는 그대를 부당하게 대한 것이 아니오. 그대는 나와 한 데나리온으로 합의하지 않았소? 그대의 품삯이나 받아 가지고 돌아가시오. 그대에게 주는 것과 꼭 같이 이 마지막 사람에게 주는 것이 내 뜻이오. 내 것을 가지고, 내 뜻대로 할 수 없다는 말이오? 내가 후하기 때문에, 그대 눈에 거슬리오?' 이와 같이, 꼴찌들이 첫째가 되고, 첫째들이 꼴찌가 될 것이다."

마태복음 20:1-16

하나님 나라에 대한 이해는 이스라엘 역사에서 살펴볼 수 있다. 사사(판관)가 다스리던 시대가 끝나 갈 무렵, 이스라엘 백성은 다른 민족처럼 자신들에게도 왕이 있었으면 좋겠다고 생각했다. 왕의 통치를 받는 주변국과 비교해 볼 때 사사의 불규칙하고 부정기적인 통치가 불리하게 느껴졌기 때문이다. 그러나 사사를 통한 통치는 이스라엘에 대한 하나님의 통

치를 상징하는 제도였다. 이스라엘은 하나님의 다스림 아래 있었고, 하나님은 필요할 때마다 사사를 보내 자신의 임재를 드러냈다.

사무엘 선지자는 왕을 요구하는 이스라엘에게 크게 분노했다. 그들은 왕을 요구함으로써 하나님을 저버렸다. 결국 이스라엘은 하나님의 통치를 버리고 사람의 통치를 택한다. 물론 하나님은 그들이 원하는 대로 왕의 통치를 받을 수 있게 허락했지만, 이후 이스라엘의 역사 속에서 하나님의 통치와 왕의 통치는 끝없는 갈등을 빚었다. 그리고 이스라엘은 사울, 다윗, 솔로몬 왕의 통치를 거쳐 남과 북으로 분열되었고 결국 멸망하여 이방 민족의 지배를 받기에 이르렀다.

왕의 통치가 처절한 실패로 끝난 이스라엘의 현실은 로마의 지배로 이어졌다. 왕과 나라를 잃고 오랫동안 고난과 역경을 겪으면서, 이스라엘 사람들은 다시 하나님의 통치를 기다렸다. 그들은 경험하지 못한 하나님 나라를 열망하면서 새로운 희망을 이어 갔다. 예수의 하나님 나라 선포는 이러한 역사적 배경을 가진다. 이는 이스라엘이 붙잡을 수 있는 마지막 동아줄이었다. 그러나 하나님 나라가 임한다고 하더라도, 그들이 합당한 삶을 살아야 하는 것은 또 다른 문제였다. 이것이 바로 예수가 하나님 나라를 선포한 이유다. 그는 하나님

예수가 하려던 말들

나라를 살아가는 삶의 방식을 보여 주었다.

이 비유는 '포도원 품꾼 비유'로 불리지만, '품꾼을 찾는 포도원 주인 비유'로 부르는 것이 더 적절하다. 주인의 행동이 비유의 주된 내용이기 때문이다. 주인은 오전 6시부터 9시, 오후 12시, 3시, 5시에 이르기까지 품꾼을 찾아 나선다. 주인이 직접 품꾼을 찾으러 나가는 모습과 특히 일이 다 끝나가는 5시까지 품꾼을 불러 모으는 모습은 매우 비일상적이다. 주인은 비일상적일 만큼 관대하다. 이 비유를 이끌어 가는 이야기의 중추는 일상적이지 않은 주인의 모습이다. 그러니 비유의 초점을 품꾼이 아니라 포도원 주인에게 맞추는 것이 합당하다.

일자리를 찾지 못하고 있는 품꾼들을 '빈둥거리고 있는 사람'이라고 표현했지만, 그들은 일거리를 제쳐 두고 시간을 허비하고 있는 사람들이 아니다. 그들은 자신을 필요로 하는 사람들에게 선택을 받아야 하는 처지이지만, 누구에게도 선택받지 못한 사람들이다. 일을 하고 싶어도 할 수 없는 사람들이다. 그들을 게으르고 놀기 좋아하는 사람들이라고 손가락질하는 것은 옳지 않다. 그들이 일자리를 찾지 못하는 것은 개인의 게으름이나 부족함 때문이라기보다는 그들이 일거리를 찾아 헤맬 수밖에 없는 사회적 상황 때문이다. 이 비유는 일거리가 없어서 하루하루 고된 삶을 살아가야 하는 당시 사람들의 삶 속으로 우리를 데려간다.

품꾼들이 받은 한 데나리온은 일용직 노동자의 하루 일당이다. 선택을 받지 못하여 한 데나리온을 받지 못한다면, 그 노동자 가족의 하루는 속수무책일 수밖에 없다. 이는 주인이 5시까지 나가서 품꾼을 불러들인 이유이기도 하다. 주인의 진짜 관심은 그대로 놓아두면 끼니를 거를 수밖에 없는 사람들의 필요를 채워 주는 데 있었다. 일거리 없이 서성이며 하루의 끼니를 걱정해야 하는 사람들의 일상적 이야기에, 주인의 비일상적 모습이 담겨 있다. 그리고 이 비유는 일꾼들에게 품삯을 지불하는 상황에서 절정에 이른다. 흥미로운 것은 품삯을 지불하는 순서다.

주인은 오후 5시에 불리어 온 사람들에게 먼저 품삯을 지불한다. 아마도 일이 다 끝나 가는 시점에 불리어 온 사람들에게 주인이 얼마를 지불할 것인지는 모두의 관심거리였을 것이다. 오전 6시에 부름을 받은 사람들은 한 데나리온이라는 분명한 액수를 약속받았다. 하지만 이후에 온 사람들의 액수는 명확하게 언급되지 않는다. 일반적으로 한 시간 일한 사람들에게 기대할 액수가 얼마나 되겠는가? 하지만 주인은 그들에게 한 데나리온을 지불했다. 당사자들은 물론이고 함께 일한 모든 사람이 놀랐을 것이다. 이 일은 분명 더 많이 일한 사람들의 기대를 한껏 부풀렸을 것이다. 한 시간 일했는데 한 데나리온이라면 이른 아침부터 일한 사람들에게 주인은 얼마나 놀라운 자비를 베풀 것인가!

더욱 놀랄 만한 일이 발생했다. 주인은 오전 6시에 부름을 받은 사람들에게도 한 데나리온을 지급한 것이다. 한 시간 일한 사람과 열두 시간 일한 사람이 동일한 임금을 받으리라고는 아무도 생각하지 못했을 것이다. 먼저 온 사람들의 투덜거림은 당연하다. 그들은 마지막에 온 사람들과 자신들의 노동 시간을 비교할 뿐 아니라, 자신들의 극악한 노동 환경에 대해서 호소한다. 선선한 바람이 일기 시작한 늦은 시간에 온 사람들과 비교할 때, 자신들의 무더웠던 노동을 단순히 시간의 많고 적음만으로 계산할 수 없었다. 그들은 자신들에게 어떤 가산점도 주지 않는 이 상황을 불공정하게 여겼다.

포도원에 들어설 때 주인의 관대함을 칭송하던 사람들은 얼마 지나지 않아 주인만큼 불공정한 사람은 보지 못했다며 주인을 성토한다. 이 비유는 묘한 아이러니를 발생시키며 질문을 유발한다. 주인은 관대한 사람인가? 불공정한 고집쟁이인가? 이러한 질문에 대한 주인의 변호가 비유의 나머지 부분을 이룬다. 그들의 불평을 입막음하는 가장 분명한 말은, "친구여, 나는 그대를 부당하게 대한 것이 아니오. 그대는 나와 한 데나리온으로 합의하지 않았소?"이다. 주인은 약속을 어기지 않았다. 무엇이 문제란 말인가? 주인의 입장에서는 문제될 것이 하나도 없다. 문제를 삼은 자들은 이 상황을 부당하게 받아들인 먼저 온 사람들이었다.

그들에게 문제가 되었던 것은 무엇인가? 주인이 그들에게 약속 이상을 베풀지 않았다는 것이다. 마지막에 온 사람에게 한 데나리온을 준 주인의 관대함이, 자신들에게는 적용되지 않은 것이 불만의 이유다. 그러나 그들의 주장은 옳지 않다. 그러므로 주인은 그들에게 "그대의 품삯이나 받아 가지고 돌아가시오. 그대에게 주는 것과 꼭 같이 이 마지막 사람에게 주는 것이 내 뜻이오. 내 것을 가지고, 내 뜻대로 할 수 없다는 말이오? 내가 후하기 때문에, 그대 눈에 거슬리오?"라고 쐐기를 박는다. 주인은 그들과의 약속을 지켰고 그들에게 정당하게 행했다. 임금을 지불한 것은 주인의 몫이다. 주인은 자기 것을 가지고 자기 마음대로 썼을 뿐이다.

주인의 권한을 자신들의 계산과 기대에 따라 이리저리 요구하는 것은 월권이다. 먼저 온 사람들은 자신들의 몫을 챙기면 되고, 주인은 주인의 일을 하면 된다. 먼저 온 사람들에게 자신의 정당성을 변호하는 주인의 모습에서 관대함은 보이지 않다. 주인은 그들의 불만을 일언지하에 자른다. 관대한 주인의 모습을 기대하며 비유를 읽는다면, 여기서 주인의 모습은 어긋난다. 그렇다면 비유는 주인의 공정함을 말하고 있는가? 그렇게 볼 수 있다. 그런데 이 '공정'에는 주의가 필요하다. 주인의 공정은 품꾼들의 공정과 다르다. 문제를 삼은 자들은 이 상황을 부당하게 받아들인 먼저 온 사람들이었다. 하지만 주인의 공정은 달랐다. 주인은 품꾼들의 노동 시간과 환경에 관계없이 그들에게 주인이 원하는 것을 주는 것을 공정으로 여겼다.

주인의 공정은 주인의 자유와 연관이 있다. 이것이 품꾼들과 주인의 차이다. 일한 만큼 임금을 받아야 한다는 품꾼들의 공정에는 인과율적 이해가 작동한다. 소위 능력주의 사회에서 요구되는 원리다. 그러나 자신의 것으로 자신의 포도원에 있는 모든 사람에게 하루를 살아갈 필요를 채워 주려는 주인의 공정에는 자유에 근거한 새로운 법칙이 작용한다. 주인은 자신의 포도원에 새로운 기준을 적용한다. 이는 모두가 함께 살 수 있는 방책이다. 주인의 포도원에는 하루의 먹거리를 걱정하는 사람들이 없다. 오후 5시가 되어서야 간신히 포도원에 들어간 사람도 한 데나리온을 받았으니 가족과 하루를 견딜 수 있을 것이다.

이 비유에 대한 오해가 있다. 먼저 온 사람들은 하루 종일 일하면서 게으름을 피웠고 나중에 온 사람들은 감사한 마음으로 열심히 일했기 때문에 그들이 받은 동일한 임금이 당연하다는 주장이다. 나는 이런 이해가 정말 끔찍하다고 생각한다. 이는 주인이 거부한 인과율적 법칙으로 주인의 행위를 이해하는 오류를 반복하기 때문이다. 그렇다면 주인은 분명하게 말했을 것이다. '너희는 하루 종일 놀고먹지 않았느냐!'라고 말이다. 주인이 적용하는 것은 품꾼들에게 익숙한 인과율적 법칙이 아니라, 주인의 은혜를 모든 사람이 누릴 수 있는 자유의 법칙이다. 포도원 주인은 자신이 원하는 방식으로 은혜를 사용하는 자유를 누린다.

이제 우리는 먼저 온 사람들이 기대고 있는 인과율적 법칙의 문제를 알 수 있다. 그들은 많이 일했으니 많이 받는 것을 당연하다고 생각했다. 많이 일할 수 있는 것이 과연 전적으로 그들의 능력에 따른 것인지는 불분명하다. 처음부터 다시 생각해 보면, 그들이 오전 6시에 선택을 받았을 때, 그들은 어떤 능력을 주인에게 보였는가? 그것은 그들의 능력이 아니라 우연이 아니었는가? 어쩌면 그들도 오후 5시까지 일거리를 잡지 못했을 수도 있다. 또한 능력으로 볼 때, 오후 5시에 들어온 사람들 중 먼저 온 자들보다 더 나은 능력을 가지고

예수가 하려던 말들

있는 사람들도 있었을 것이다. 그렇게 생각하면, 먼저 온 자들이 오전 6시에 선택을 받은 것은 그야말로 은혜다. 그들은 자신들의 능력이라고 생각했을지 모르지만, 사실 그들은 가장 큰 은혜를 입은 자들이다.

주인의 은혜를 자신들의 능력으로 환원한 먼저 온 자들은 분노한다. 그들은 자신들의 능력이 평가절하된 이 상황을 부당하게 여긴다. 일을 적게 한 사람들이 자신들과 동일한 대우를 받는 것은 있을 수 없는 일이다. 자신들에게 베풀어질 때는 당연하던 주인의 은혜가 다른 사람들에게 행해질 때, 주인의 관대한 은혜는 불의가 된다. 그들의 분노를 자아내는 이 내로남불의 원인은 무엇인가? 바로 시기다. 마지막에 온 사람이 한 데나리온을 받는 것은 먼저 온 사람들에게 아무런 손해를 끼치지 않는다. 그러나 이 상황을 부당한 일로 여기는 순간, 그 속에서 시기가 움튼다. 그들은 주인의 은혜가 모든 사람에게 해당되는 것을 용납하지 않았다.

주인의 자유를 제한하는 그들의 시기는 철학자 니체F. W. Nietzsche가 설명하는 르상티망ressentiment과 유사하다. 르상티망은 약한 입장에 있는 사람이 강자에게 품는 질투, 원한, 증오, 열등감 등이 뒤섞인 감정이다. 르상티망에 사로잡힌 사람들은 사회적으로 공유된 가치 판단에 자신의 가치 판단을 예속시키고 이를 실현함으로써 만족을 얻는다. 그들의 불안, 시기, 증오는 자신이 예속시킨 가치를 성취함으로써 해소된다. 그러나 한편으로 르상티망에 사로잡힌 사람들이 할 수 있는 또 다른 행동은 이제까지 자신들이 예속되었던 가치를 뒤집어 엎는 일이다. 이를 통해 지금까지 예속되어 있던 가치들을 별 볼 일 없는 가치로 전락시킴으로써 자신들의 불만과 증오를 해소한다.

니체는 정반대의 가치를 통해서 르상티망을 해소하는 후자의 방식을 그리스도교의 특징으로 지적한다. 그리스도인들이 로마의 가치를 뒤집기 위해서 '신'이라는 개념으로 정반대의 가치를 만들었다는 것이다. 니체는 팔복의 전도된 가치도 르상티망으로 설명한다. 어차피 현세적 행복을 얻을 수 없는 상황에서 예수는 기존의 가치를 뒤집은 행복에 대한 이해로 그들의 르상티망을 극복했다는 것이다. 열등감의 원천인 강한 자들을 부정함으로써, 자신을 긍정하게 되었다는 것이다. 니체의 이러한 입장은 사회적 약자의 입장에서 안간힘을 쓰는 그리스도교의 모습을 부각시키며 예수의 말씀을 마치 이솝Aesop우화의 신포도와 같이 만든다.

그러나 이 비유가 먼저 온 사람들의 르상티망을 대하는 모습은 새롭다. 비유에서 먼저 온 사람들이 르상티망을 표출

하는 대상은 주인이다. 먼저 온 자들은 자신들에게 익숙한 가치를 주인이 실현하지 않았다는 이유로 항의한다. 먼저 온 사람들은 자신들에게 익숙한 인과율적 기준을 주인에게 요구하고 그것을 관철시킴으로써 르상티망을 해소하고자 한다. 그러나 주인은 먼저 온 자들의 가치 자체를 부정한다. 주인은 먼저 온 자들과 협상할 의사가 없다. 주인은 먼저 온 사람들과 대립하며 그들이 가질 수 있는 르상티망을 원초적으로 차단한다. 니체의 주장대로 르상티망으로 인해 그리스도교적 특성이 발생한 것이 아니라, 그리스도교는 원초적으로 르상티망을 봉쇄한다.

이 비유에서 르상티망은 소유하지 못한 것에 대한 심술궂은 엇나감으로도 해소되지 못한다. 먼저 온 자들은 주인의 포도원에서 어떠한 방식으로도 르상티망을 해소할 수 없다. 먼저 온 자들뿐 아니라 다른 모든 품꾼도 마찬가지다. 주인을 향해서 뿐 아니라 품꾼들 사이에서도 르상티망 자체가 가능하지 않다. 먼저 온 품꾼과 늦게 온 품꾼 모두가 주인에게만 종속된다. 주인의 자유는 포도원에 새로운 질서를 구축한다. 포도원에는 강한 자와 약한 자가 없다. 그러니 서로 억압하고 통제할 수 없다. 서로 빼앗고 빼앗길 수 없다. 포도원의 모든 품꾼은 르상티망을 불허하는 주인의 새로운 가치를 따를 뿐이다.

"꼴찌들이 첫째가 되고, 첫째들이 꼴찌가 될 것이다." 이 말은 누구든지 첫째일 수 있고 누구든지 꼴찌일 수 있다는 뜻이다. 꼴찌로 정해진 사람도, 첫째로 정해진 사람도 없다. 모두 똑같은 인간일 뿐이다. 이는 세상에서 경험하지 못한 주인의 새로운 질서다. 그러므로 이 비유는 먼저 온 사람들의 시기와 질투, 분노와 증오를 넘어서, 그들에게 익숙한 르상티망 자체를 끊어 버리고 새로운 가치로 무장한 공동체를 구상하게 한다. 이러한 공동체는 주인의 자유로 인해 가능하다. 먼저 온 자들의 르상티망이 주인의 자유를 넘보려고 할 때, 주인은 그 르상티망을 제재한다. 그리고 그들 모두가 함께 살 수 있는 새로운 방법을 제시한다.

타인을 시기하고 미워하지 않아도 살 수 있는 세상, 타인의 이익 때문에 자신이 손해를 본다는 얕은 생각으로 괴로워하지 않아도 되는 세상, 이는 주인이 있기 때문에 가능한 세상이다. 누구도 제한할 수 없는 주인의 자유는 모든 사람을 위한 자유다. 이 비유는 하루하루 지치고 절망적인 상황에서, 아무도 불러 주지 않는 쓸쓸한 세상에서, 안전하게 먹고 쉴 수 있는 세상을 꿈꾸게 한다. 비유에 등장하는 먼저 온 사람들은 자신들에게 익숙한 인과율적 가치 때문에 주인의 자유를 이해하지 못했다. 그들은 주인의 자유가 만든 세상도 이해

예수가 하려던 말들

하지 못했다.

먼저 온 자들이 주인의 새로운 가치와 구조에 종속되지 않는다면, 그들은 포도원에서 다시는 일할 수 없을 것이다. 그들의 르상티망과 주인의 자유가 충돌한다면, 욕심 많고 무지한 그들은 주인의 통치 밖으로 밀려날 수밖에 없을 것이다. 그들은 하나님 나라를 경험하지 못할 것이다. 그들이 르상티망에서 벗어나지 못한다면, 그들은 일찍 포도원에 들어왔고 한 데나리온의 품삯을 받았지만, 포도원에서 그 이상을 누릴 수는 없을 것이다. 그들이 주인의 세상에서 누릴 수 있는 많은 것들은 이제 다른 사람의 꿈이 될 것이다. 그들의 방법으로는 르상티망을 극복할 수 없다. 르상티망을 극복하기 위한 유일한 방법은 주인의 자유를 인정하는 것뿐이다. 그들의 세상이 바뀌었다. 그들은 다시 꿈을 꾸어야 한다.

15. 친구를 만들다

예수께서 제자들에게도 말씀하셨다. "어떤 부자가 있는데, 그는 청지기를 하나 두었다. 이 청지기가 재산을 낭비한다고 하는 고발이 들어와서, 주인이 그를 불러 놓고 말하였다. '자네를 두고 말하는 것이 들리는데, 어찌된 일인가? 자네가 맡아 보던 청지기 일을 정리하게. 이제부터 자네는 청지기 일을 볼 수 없네.' 그러자 그 청지기는 속으로 말하였다. '주인이 내게서 청지기 직분을 빼앗으려 하니, 어떻게 하면 좋을까? 땅을 파자니 힘이 없고, 빌어먹자니 부끄럽구나. 옳지, 좋은 수가 있다. 내가 청지기의 자리에서 떨려 날 때에, 나를 자기네 집으로 맞이해 줄 사람들을 미리 마련해야 하겠다.' 그래서 그는 자기 주인에게 빚진 사람들을 하나씩 불러다가, 첫째 사람에게 '당신이 내 주인에게 진 빚이 얼마요?' 하고 물었다. 그 사람이 '기름 백 말이오' 하고 대답하니, 청지기는 그에게 '자, 이것이 당신의 빚문서요. 어서 앉아서, 쉰 말이라고 적으시오' 하고 말하였다. 그리고 다른 사람에게 '당신의 빚은 얼마요?' 하고 물었다. 그 사람

예수가 하려던 말들

이 '밀 백 섬이오' 하고 대답하니, 청지기가 그에게 '자, 이것이 당신의 빚 문서요. 받아서, 여든 섬이라고 적으시오' 하고 말하였다. 주인은 그 불의한 청지기를 칭찬하였다. 그것은 그가 슬기롭게 대처하였기 때문이다. 이 세상의 아들들이 자기네끼리 거래하는 데에는, 빛의 아들보다 더 슬기롭다."

누가복음 16:1-8

수많은 비유 중 유독 악명 높은 어려운 비유가 있다. '불의한 청지기 비유'다. 사건의 발단은 청지기의 비리에 대한 소문이었다. 어느 날 주인은 자신의 재물을 청지기가 낭비하고 있다는 소문을 들었다. 여기서 '낭비하다'는 주인의 것을 제 것처럼 쓴다는 의미다. 주인은 당장 청지기를 불러들였고 그에게 정확한 계산을 요구했다. 청지기의 계산이 정확하지 않다면, 그는 해고를 당할 것이다. 비유 이야기는 이렇듯 급박하게 돌아가는 청지기의 위기로부터 시작한다.

　비유의 다음 단계는 청지기가 자신의 위기를 해결하는 과정이다. 청지기는 자신이 해고되면 과연 무엇을 할 수 있을까, 하는 고민을 가지고 있었다. 그는 '땅을 파자니 힘이 없고, 빌어먹자니 부끄럽구나'라며 자신의 신세를 한탄한다. 물론 오늘날과 같은 상황이라면 땅을 팔 수도 있고 부끄럽더라도 구걸이라도 하면서 연명할 수 있을지 모른다. 그러나 당시 상황에서 땅을 파거나 구걸하는 행위는 아마도 청지기가 감내할 수 있는 일이 아니었을 것이다. 고대 사회에서 땅을 파는 것은 일반적으로 노예의 일이었으며, 빌어먹는 것은 소위 인생의 막장에 다다른 가장 불명예스러운 일이었다. 청지기는 이런 지경에 처하느니 차라리 죽는 것이 더 낫겠다고 생각했을지 모른다.

부자 주인과 청지기, 그리고 빚진 자들이 나오는 이 비유는 당시의 사회 체계에 대한 이해를 전제로 한다. 당시 로마 제국은 파트론-클라이언트patron-client, 후원자-피후원자 체제로 이루어진 피라미드 구조를 형성했다. 파트론들은 그들의 클라이언트들에게 법적이고 재정적인 도움을 제공했고, 클라이언트들은 파트론들에게 충성을 맹세함으로써 그들의 명예를 높여주었다. 로마 제국에서는 파트론으로부터 벗어나 자생적 삶을 누리는 것이 불가능했기 때문에, 클라이언트는 최선을 다해 파트론의 자비를 얻음으로써 삶을 유지했다. 클라이언트에게 파트론은 절대적 힘을 행사했다. 파트론-클라이언트 체제는 당시 로마의 제국적 질서를 대변한다.

이러한 후원자 제도 안에 주인, 청지기, 빚진 자들의 관계가 형성되어 있다. 주인과 빚진 자들은 파트론과 클라이언트

예수가 하려던 말들

의 관계를 이루며 청지기는 이 둘을 연결하는 존재다. 일반적으로 청지기는 종들을 관리하는 책임자다. 그들은 주인의 일을 대신해 주는 대행업자로서 주인의 재산 관리, 대부금 입출금, 농작물 판매 등 주인의 손과 발이 되어 주인에게 필요한 일을 했다. 이 청지기가 주인의 재산을 낭비했다는 것은, 주인의 재산에 손해를 입힌 것뿐만 아니라 주인의 명예를 훼손했음을 의미한다. 이는 주인에게 매우 치명적이다. 동시에 청지기에게도 치명적이다. 주인의 명예를 떨어뜨린 청지기가 다른 파트론을 찾는 것은 무척 어려웠기 때문이다.

어떤 파트론이 주인의 명예에 흠집을 낸 사람을 받아들이겠는가? 그러나 파트론을 찾을 수 없다면, 청지기는 땅을 파거나 구걸을 할 수밖에 없는 신세로 전락할 것이다. 청지기는 그야말로 절체절명의 위기에 처했다. 이때 그가 낸 꾀는 그야말로 기상천외하다. 주인의 명예를 실추한 이 청지기가 눈을 돌린 대상은 주인의 클라이언트들이다. 그는 주인에게 빚진 자들을 불러 모아 그들의 빚을 탕감해 주었다. 그는 기름 백 말을 빚진 사람에게 오십 말을, 밀 백 섬을 빚진 사람에게 이십 섬을 탕감해 주었다. 당시 상황에서 청지기가 탕감해 준 액수는 적지 않은 금액이다. 여기서 다시 문제가 발생한다. 청지기가 중개자의 역할을 하면서 자신이 받을 이익금을 탕감해 주었을 가능성이 있지만, 탕감해 준 액수는 청지기가 기대할 수 있는 자신의 이익금을 넘어서기 때문이다.

그렇다면 청지기는 주인의 몫에 해당하는 금액을 탕감해 주었을 것이고, 그것은 또다시 주인의 재산을 낭비한 결과를 초래할 것이다. 첫 번째 낭비는 자신의 이익을 위한 것이었을 테지만, 두 번째 낭비는 그 이익이 빚진 자들에게 돌아갔다는 것을 제외하면, 주인에게 미치는 결과는 동일하다. 그렇다면 주인의 재산에 한 번 더 해를 입힌 청지기는 살아남을 수 있을까? 청지기의 예기치 못한 해법에 놀라고 있을 때, 더욱 놀라운 주인의 반응이 나온다. 주인은 이 불의한 청지기를 칭찬했다. 주인은 청지기의 첫 번째 낭비에 대해서는 해고를 경고하지만 두 번째 낭비에 대해서는 칭찬한다. 같은 낭비에 대한 주인의 서로 다른 반응이 이 비유의 핵심이다.

첫 번째 낭비는 주인의 재산에 손해를 입혔을 뿐만 아니라 주인의 명예를 실추시켰다. 주인은 신뢰할 수 없는 사람을 청지기로 둔 사람이 되었기 때문이다. 그러나 두 번째 낭비는 상황이 다르다. 청지기로부터 탕감을 받은 사람들은 그 고마움을 주인에게 돌릴 것이기 때문이다. 탕감을 통해서 빚진 자들과 중간에서 마음을 써 준 청지기의 관계가 돈독해졌을 것은 분명하다. 더 나아가 이 탕감은 궁극적으로 예기치 않은

예수가 하려던 말들

은혜를 베푼 주인의 명예를 드높인다. 여기서 주인이 재산의 손해를 이유로 들어서 빚을 탕감해 준 청지기를 해고한다고 상상해 보라! 주인은 삽시간에 자신의 욕심만 챙기는 사람으로 소문이 날 것이며 그의 명예는 또다시 추락할 것이다. 그는 청지기를 관리하지 못한 사람이 될 뿐만 아니라 사람들에게 은혜를 베풀지 않는 악한 고리대금업자가 될 것이다.

첫 번째 낭비로 말미암아 위기를 맞은 청지기의 이야기는 청지기의 두 번째 낭비로 말미암아 주인의 위기로 변한다. 주인이 위기를 벗어나는 방법은 청지기를 칭찬하는 것뿐이다. 결국 청지기와 주인은 같은 방법으로 살아남는다. 이는 빚진 자들의 어깨를 가볍게 해 주는 것이다. 결론적으로 주인은 불의한 청지기가 세상과 거래하는 데 있어서 빛의 아들보다 더 슬기롭다고 말한다. 여기서 갑자기 등장한 빛의 아들은 일반적으로 종교적 열심을 가진 유대인들을 가리킨다. 스스로가 의롭고 잘났다고 생각하는 사람들이다. 끄트머리에 별다른 설명 없이 언급된 빛의 아들은 이 비유에서 중요한 기능을 담당한다. 비유를 듣는 사람들은 주인이 빛의 아들과 청지기를 어떤 점에서 비교하고 있는지 상상해야 하기 때문이다.

비유에서 제기된 문제가 돈을 사용한 것이라면, 빛의 아들과 청지기의 차이도 돈에 관계된 것일 수밖에 없다. 아마도 주인은 빛의 아들이라면 자신의 이익을 포기하지 않을 것이며 클라이언트들의 고통 따위는 생각하지 않을 것이라고 확신하는 듯하다. 그러므로 주인은 돈을 탕감해 주는 청지기의 슬기로움을 돈을 쫓는 빛의 아들의 탐욕과 대조시킨다. 청지기의 기가 막힌 전략이 슬기로움이라는 옷을 입게 된 것은 이 때문이다. 청지기의 슬기로움은 절대적 의미가 아니라 상대적 의미다. 거들먹거리면서 돈을 좋아하는 것보다는 대놓고 불의하지만 클라이언트들에게 돈을 탕감해 주는 것이 더 낫다는 것이다.

그러므로 여기서 청지기의 윤리적 측면에 매달리는 것은 그야말로 슬기롭지 못하다. 주인의 칭찬은 그에게 윤리적 면제권을 주지 않는다. 주인의 재산에 손해를 입히고 이상한 방법으로 또다시 손해를 입힌 청지기는 계속해서 '불의한'이라는 수식어와 분리되지 않는다. 주인은 단지 청지기에 대한 칭찬을 통해서 관심을 빛의 아들에게로 돌리고 있다. 주인은 빛의 아들들의 돈에 대한 탐욕이 이루어 놓은 현실을 바라보고 있다. 그러므로 이 비유는 청지기와 주인이 아니라 그 빚진 자들에게 시선을 고정한다. 빚진 자들은 파트론-클라이언트 체제 속에서 가장 하층에 속한 자들이다. 권리는 없고 언제나 산더미 같은 의무만 지고 있는 사람들이다. 갚을 빚과 이행해야 하는 의무가 그들의 재산이다.

불의한 방법으로 그들의 빚을 탕감해 주는 이 비유에는 "불의한 재물로 친구를 사귀어라"는 설명이 덧붙는다. 고대에는 재물이 한정적이라고 생각했다. 일정한 정도의 재물이 있고 그것을 모든 사람이 함께 사용하는 것이다. 만약 누군가가 매우 많은 재물을 가진다면, 그만큼 다른 사람이 가질 양은 줄어든다. 자기 양, 혹은 적정 양 이상의 재물은 다른 사람들의 몫을 차지한 불의한 재물이다. 그러므로 주인의 많은 재물이 수많은 빚진 자들의 의무가 쌓여서 이루어진 것이라면, 그것은 당연히 나누어야 할 재물이다. 청지기가 파고든 지점이 바로 이것이다. 주인의 재물이기는 하지만, 청지기는 주인이 그것을 나누어야 한다는 사실을 알았다. 그리고 주인이 자신의 재물을 나누어 줄 수 있는 사람이라는 것도 알았다. 청지기의 슬기로움은 주인이 가지고 있는 재물에 대한 이해를 간파했다.

청지기가 위기에 처한 자신을 맞이해 줄 사람으로 빚진 자들을 떠올린 것은 획기적 발상이다. 이는 주인도 꼼짝할 수 없는 계획이다. 재물을 독차지하는 것이 아니라 재물을 함께 나누는 것을 통해서, 돈을 좋아하는 빛의 아들들은 꿈도 꾸지 못할 세상으로 나아가기 때문이다. 이 새로운 세상이 불의한 청지기의 꼼수에서 나왔다는 면에서 비유는 매우 아이러니하다. 그러나 이마저도 주인의 인가로 실현될 수 있는 것이기에, 새로운 세상을 가지고 온 자는 역시 주인이다. 반전을 보여준 주인의 칭찬은 주인의 질서가 어떠한 것인지, 주인의 관심이 누구에게 있는지를 보여 준다. 예상치 못한 방법으로 클라이언트의 짐을 덜어 줌으로써, 주인은 그들에게 익숙한 파트론-클라이언트 구조를 파괴한다. 주인의 칭찬은 청지기를 위한 것이 아니라 빚진 자들을 위한 것이다.

청지기의 친구가 된 빚진 자들은 당시 사회에서 가장 보잘것없는 사람들이었다. 빚의 무게를 견디다 쓰러지면, 그렇게 관심 밖으로 사라질 사람들이었다. 그들은 철학자 아감벤G. Agamben이 호모 사케르Homo Sacer라고 부른 사람들과 유사하다. 호모 사케르의 두 가지 특징은 '그를 살해한 자에 대한 사면'과 '그를 희생 제물로 바치는 것의 금지'다. 즉 호모 사케르란 '살해하는 것은 가능해도 희생 제물로는 바칠 수 없는 존재'다. 그들을 희생 제물로 바칠 수 없는 이유는 그들이 깨끗하지 않기 때문이다. 하나님께 제물을 드릴 때 그것이 무엇이든 흠이 없는 것을 드리지 않는가! 그러니 호모 사케르와 같이 더러운 존재는 희생 제물로 바쳐질 수 없다.

누군가 그를 죽이려고 한다면 그는 언제든지 죽임을 당

할 수 있으며, 그를 죽인 사람은 사면을 받을 수 있다. 호모 사케르는 신과 공동체에게 이중으로 버림받은 존재다. 어찌 이렇게 쓸쓸한 존재가 있을까, 하는 생각이 든다. 이러한 이중적 배제를 통해서 그들의 생명은 사회로부터 어떠한 보호도 받지 못한다. 누구든지 그에게 돌을 던질 수 있고, 그를 짓밟을 수 있다. 그가 인간 대접을 받지 못하는 것은 정당하다. 아감벤에 따르면 권력을 가진 사람들은 그들의 질서를 유지하기 위해서 모든 사람을 잠재적 호모 사케르로 간주하며, 그들에게 '살해 가능성'을 내재화한다. 호모 사케르는 권력으로부터 배제되어 있으며 어떤 제의나 희생으로도 회복시킬 수 없는 죽음에 노출되어 있는 존재다.

그런데 이 비유는 놀랍게도 호모 사케르와 같은 빚진 자들에게 칼자루를 쥐어 준다. 지금까지 자신의 파트론을 의지하며 살아 왔던 청지기는 위기 속에서 힘없는 클라이언트들에게 손을 내민다. 그들이 청지기를 살릴 수 있는 존재라는 이해는 새롭고 놀랍다. 그들이 죽어도 되는 존재가 아니라, 오히려 다른 사람을 살릴 수 있는 존재라니! 그렇다면 상황은 급변한다. 호모 사케르와 같은 빚진 자들이 누군가의 안식처가 될 수 있다면, 이제까지 그들을 무시하고 윽박지르고 억압한 것은 슬기롭지 못한 일임이 분명하다. 그들과 친구가 될 수 있다면, 불평등과 불의가 내재된 체제는 새롭게 거듭나야 한다. 그들은 더 이상 호모 사케르가 아니기 때문이다.

이 비유는 파트론-클라이언트 체제에 갇혀서 무의미하게 내버려진 사람들의 가치를 살려 낸다. 청지기는 그림자 같던 그들을 빛 안으로 드러냈다. 그들이 반짝거리는 존재임을 보여 주었다. 하나님 나라에서는 신과 공동체에게 이중으로 배제된 사람이 존재할 수 없다. 하나님이 배제하지 않는다면, 어떤 공동체도 누군가를 배제할 수 없다. 하나님 나라에서는 모두가 친구다. 하나님 나라는 호모 사케르와 같은 사람들을 하나님의 자녀라고 부르며 하나님의 공동체 안으로 불러들인다. 그들을 친구로 만들면, 그들로 말미암아 '영원한 처소로 영접될 것'이라고 말한다. 그들은 소용없고 무가치한 빚쟁이들이 아니라, 하나님의 생명을 담지하고 있는 사랑스럽고 귀중한 사람들이다.

16. 와락, 껴안다

예수께서 말씀하셨다. "어떤 사람에게 아들이 둘 있는데, 작은 아들이 아버지에게 말하기를 '아버지, 재산 가운데서 내게 돌아올 몫을 내게 주십시오' 하였다. 그래서 아버지는 살림을 두 아들에게 나누어 주었다. 며칠 뒤에 작은 아들은 제 것을 다 챙겨서 먼 지방으로 가서, 거기에서 방탕하게 살면서, 그 재산을 낭비하였다. 그가 그것을 다 탕진했을 때에, 그 지방에 크게 흉년이 들어서, 그는 아주 궁핍하게 되었다. 그래서 그는 그 지방에 사는 어떤 사람을 찾아가서, 몸을 의탁하였다. 그 사람은 그를 들로 보내서 돼지를 치게 하였다. 그는 돼지가 먹는 쥐엄 열매로라도 배를 채우고 싶은 마음이 간절했으나, 주는 사람이 없었다. 그제서야 그는 제정신이 들어서, 이렇게 말하였다. '내 아버지의 그 많은 품꾼들에게는 먹을 것이 남아도는데, 나는 여기에서 굶어 죽는구나. 내가 일어나, 아버지에게 돌아가서, 이렇게 말씀드려야 하겠다. 아버지, 내가 하늘과 아버지 앞에 죄를 지었습니다. 나는 더 이상 아버지의 아들이라고 불릴 자격이 없으니, 나를 품꾼으로 삼아 주십시오.' 그는 일어나서, 아버지에게로 갔다. 그가 아직도 먼 거리에 있는데, 그의 아버지가 그를 보고 측은히 여겨서, 달려가 그의 목을 껴안고, 입을 맞추었다. 아들이 아버지에게 말하였다. '아버지, 내가 하늘과 아버지 앞에 죄를 지었습니다. 이제부터 나는 아버지의 아들이라고 불릴 자격이 없습니다.' 그러나 아버지는 종들에게 명령하였다. '어서 좋은 옷을 꺼내서 그에게 입히고, 손에 반지를 끼우고, 발에 신을 신겨라. 그리고 살진 송아지를 끌어내다가 잡아라. 우리가 먹고 즐기자. 나의 이 아들은 죽었다가 살아났고, 내가 잃었다가 되찾았다.' 그래서 그들은 잔치를 벌였다. 큰 아들이 밭에 있다가 돌아오는데, 집에 가까이 이르렀을 때에, 음악 소리와 춤추면서 노는 소리를 듣고, 종 하나를 불러서, 무슨 일인지를 물어 보았다. 종이 그에게 말하기를 '아우님이 집에 돌아왔습니다. 건강한 몸으로 돌아온 것을 반겨서, 주인 어른께서 살진 송아지를 잡으셨습니다.' 하였다. 큰 아들은 화가 나서, 집으로 들어가려고 하지 않았다. 아버지가 나와서 그를 달랬으나, 그는 아버지에게 말하였다. '나는 이렇게 여러 해를 두고 아버지를 섬기고 있고 아버지의 명령을 한 번도 어긴 일이 없는데, 내게는 친구들과 함께 즐기라고, 염소 새끼 한 마리도 주신 일이 없습니다. 그런데 창녀들과 어울려서 아버지의 재산을 다 삼켜 버린 이 아들이 오니까, 그를 위해서는 살진 송아지를 잡으셨습니다.' 아버지가 그에

　　　　　　　　　　　　　예수가 하려던 말들

게 말하기를 '얘야, 너는 늘 나와 함께 있지 않느냐? 또 내가 가진

모든 것은 다 네 것이 아니냐? 너의 이 아우는 죽었다가 살아났고,

내가 잃었다가 되찾았으니, 즐거워하고 기뻐하는 것이 마땅하지 않

겠느냐?' 하였다."　　　　　　　　　　　　　　　　　　누가복음 15:11-32

아마도 예수의 비유 중 가장 유명한 이야기는 '돌아온 탕자

비유'일 것이다. 그런데 이 비유를 전체적으로 읽다 보면, 제

목이 적절하지 않다는 생각이 든다. 비유는 두 아들을 가진

아버지의 이야기로 구성되어 있는데, 돌아온 탕자의 비유라

는 제목은 둘째 아들과 아버지의 이야기에는 적합하지만, 첫

째 아들과 아버지의 이야기까지는 아우르지 못하기 때문이

다. 그러므로 이 비유의 경우는 전체의 이야기를 파악하고 알

맞은 제목을 붙이는 것이 하나의 과제이기도 하다.

　비유의 앞부분에는 우리가 잘 아는 둘째 아들의 이야기

가 나온다. 둘째 아들은 아버지에게 자기 몫의 재산을 요구한

다. 아버지가 살아 있는 동안에 이러한 요구를 하는 것은 고

대 사회에서 매우 부적절한 행동이다. 웬만한 아버지라면 당

장에 패륜이라고 호통을 칠 일이다. 그러나 아버지는 아들의

요구에 순순히 응한다. 그러자 더욱 가당찮은 일이 벌어진다.

그가 아버지에게 받은 재산을 모두 처분하고 아버지를 떠난 것이다. 재산을 미리 받을 수는 있지만, 그것을 처분하는 것은 아버지가 돌아가시고 난 뒤에나 가능한 일이었다. 아버지가 아직 살아 계신 동안 물려받은 재산을 처분하는 것은 옳지 않은 행동이다.

이 불의한 행동을 통해서 자기 마음대로 사는 둘째 아들과 이 모든 것을 용인하는 아버지의 모습이 극적으로 대립한다. 둘째 아들은 매우 못된 모습을 보이는 반면, 아버지는 무한한 사랑을 보여 준다. 이러한 대조는 둘째 아들과 아버지의 관계에서 지속적으로 전개된다. 둘째 아들은 가지고 있던 재산을 모두 탕진했고 결국은 돼지치기로 전락한다. 그러나 그 더러운 일로도 그의 배를 채울 수가 없었다. 그제야 그는 삶의 가장 밑바닥에서 아버지를 떠올렸다. 아버지의 집에서 풍족하게 먹는 종들을 생각하며, 아버지의 집으로 돌아가기를 결심했다. 아버지에게 돌아가서 아버지와 하나님께 지은 죄를 고백하고 아버지의 집에서 종으로라도 살게 해 달라고 빌어 볼 작정이었다.

그렇게 집으로 돌아오는 길, 아직도 집이 멀리 보이는 지점에서 그는 언제 올지 모르는 자신을 기다리고 있는 아버지를 보았다. 아버지는 그를 반갑게 맞이했다. 그에게 좋은 옷을

예수가 하려던 말들

입히고, 반지를 끼우며, 신발을 신기면서 그가 아버지의 아들임을 모든 사람에게 공표했다. 아버지에게 둘째 아들은 더 이상 못된 짓을 하고 떠났다가 재산을 말아먹은 골칫거리가 아니다. 아버지에게 그의 과거는 중요하지 않다. 아버지에게 중요한 것은 그가 돌아왔다는 사실이다. 남들의 시선과 생각은 아버지에게 중요하지 않다. 아버지는 살찐 송아지까지 잡아서 둘째 아들을 위한 잔치를 열었다. 금의환향은 아니었지만, 그가 다시 돌아왔다는 사실만으로 잔치를 열 이유는 충분했다. 여기까지는 돌아온 탕자의 비유라는 제목에 걸맞은 이야기다.

그런데 아직 예수의 비유는 끝나지 않았다. 아버지의 두 아들 중 첫째 아들의 이야기는 이제부터 시작된다. 밭에서 일하다 집으로 돌아오던 중, 첫째 아들은 집에서 흥겨운 소리가 나는 것을 들었다. 종으로부터 동생이 돌아왔고 아버지가 잔치를 열고 있다는 말에, 첫째 아들은 화가 솟구쳤다. 그는 집으로 들어가지 않았다. 둘째 아들을 기다리느라 늘 집 앞을 서성여야 했던 아버지는 화가 난 첫째 아들을 달래기 위해 또다시 집을 나왔다. 첫째 아들은 아버지에게 화풀이를 했다. 자신에게 그렇게 야박하게 굴더니 집안을 말아먹은 아들을 위해서는 어떻게 잔치를 베풀 수 있느냐고 물었다. 첫째 아들의 화풀이는 그다지 설득력이 없다. 둘째 아들이 아버지에게 재산을 요구했을 때, 아버지는 두 아들에게 각각 그들의 몫을 나누어 주었기 때문이다.

첫째 아들은 아버지에게 따로 요구하지 않았음에도, 둘째 아들 덕분에 이미 자신의 몫을 확보했다. 그런데 이제야 아버지로부터 아무것도 받은 것이 없는 것처럼, 아버지를 위해서 온갖 헌신을 다한 것처럼, 말하는 것은 뻔뻔한 처사였다. 첫째 아들의 이야기가 전개되기 전까지, 비유는 첫째 아들에 대해서 아무런 정보도 주지 않는다. 집 나간 둘째 아들의 허랑방탕한 이야기를 들으면서 아버지의 골칫거리는 둘째 아들뿐이라고 생각했다. 그러나 첫째 아들의 볼멘소리를 듣고 있자니, 집에 있었다고 해서 아무 문제가 없었던 것은 아니라는 사실을 알게 된다. 집을 나가지 않았으면 무엇 하겠는가! 첫째 아들은 아버지와 한 집에 있었지만, 아버지의 마음을 헤아려 본 적이 없었다.

첫째 아들은 이미 받은 재산에 대한 감사도 없이 자기는 늘 손해만 보았다고 생각했다. 아버지가 둘째 아들을 반기는 이유도 알아차리지 못한다. 아마도 첫째 아들은 둘째가 영원히 아버지의 기억 속에서 잊히기를 기다렸는지도 모르겠다. 그렇다면 첫째 아들 역시 탕자다. 다만 그는 집 안에 있었을 뿐이다. 이 비유의 제목으로 '돌아온 탕자'가 어울리지 않는 것은 이 때문이다. 아버지의 집에는 아직 돌아오지 않은 또 다른 탕자가 있다. 바로 첫째 아들이다. 둘째 아들이 집 밖에서 길을 잃고 헤맬 때, 그는 집 안에서 길을 잃은 채 있었다. 둘째 아들은 돌아왔지만, 첫째 아들은 아직 돌아오지 않았다. 지금, 그는 집 밖에서 아버지와 실랑이를 벌이고 있지 않은가!

여기까지 비유를 읽다 보면 이 아버지가 너무 안쓰럽다. 두 아들 모두 아버지의 마음 따위는 안중에도 없기 때문이다. 집 나간 아들이 돌아왔지만, 그 기쁨을 누릴 새도 없이 아버지는 큰아들을 달래야 한다. 그러나 아버지의 측은한 모습이 부각되는 만큼, 아버지의 사랑이 극대화되는 것도 사실이다. 이 볼썽사나운 첫째 아들의 투정을 아버지는 따뜻하게 감싼다. 아버지는 자신의 것이 다 첫째 아들의 것이라고 말하며, 지금은 살아 돌아온 둘째 아들을 기뻐하는 일에 전념하자고 다독인다. 둘째 아들의 과거가 중요하지 않았던 것처럼, 첫째 아들의 과거도 아버지에게는 중요하지 않다. 아버지는 그가 이미 자신의 몫을 받았다는 것을 굳이 상기시키지 않는다. 지금은 즐거워해야 할 때라는 말만 한다.

비유의 마지막을 장식하는 것은 집 앞에서 첫째 아들의 소매를 당기며 들어가자고 애원하는 아버지의 모습이다. 그러므로 이 비유는 처음부터 끝까지 아버지의 놀라운 사랑을 이야기한다. 돌아온 탕자의 이야기로 끝나지 않은 이 비유는, 아직도 기다리는 아버지의 사랑을 보여 준다. 아버지의 사랑이 넘쳐 나는 이 집의 문제는 두 아들에게 있다. 첫째 아들은 집 안으로 들어가 잔치에 참여할 것인가? 둘째 아들은 형과 어떻게 화해할 것인가? 두 아들은 아버지의 끝없는 사랑에 어떻게 보답할 것인가? 이 비유는 열린 결말을 가지고 우리에게 묻는다.

17세기 네덜란드 화가 렘브란트Rembrandt는 이런 질문을 고스란히 화폭에 담아냈다. 이 비유가 유명한 만큼 렘브란트의 작품 「돌아온 탕자」도 매우 유명하다. 이 그림에 관해서라면 너무도 많은 사람이 말하고 있기 때문에 나까지 더 보탤 이유는 없다. 하지만 그림의 구도만은 언급하고 싶다. 그림은 완전히 두 부분으로 나누어진다. 한 부분은 무릎을 꿇은 둘째 아들을 아버지가 감싸 안고 있는 모습이고, 다른 부분은 이를 지켜보고 있는 첫째 아들의 모습이다. 함께 기뻐하는 것이 마땅하다는 아버지의 목소리를 기억한다면, 이 그림의 구도는 조금 잔인하다. 첫째 아들이 여전히 버티고 있기 때문이다.

〈돌아온 탕자 The Return of the Prodigal Son〉(1666), Rembrandt Harmenszoon van Rijn

그림을 볼 때마다 현재의 컴퓨터 기술을 이용해서 첫째 아들을 아버지와 둘째 아들이 있는 곳으로 이동시키고 싶다는 생각이 종종 든다. 이 셋이 서로 얼싸안고 즐거워하는 것이 아버지가 바라는 모습이기 때문이다. 첫째 아들이 와락, 둘째 아들과 아버지를 안아주었으면 좋겠다. 아마도 렘브란트도 아버지와 둘째 아들의 이야기에 첫째 아들을 어떻게 위치시킬지 고민이 많았을 것이다. 렘브란트는 우리가 알고 있는 「돌아온 탕자」(1666년)를 그리기 전에 1636년과 1642년에 스케치 형태로 그림을 그려 놓았다.

좌, 〈돌아온 탕자 The Return of the Prodigal Son〉(1636), Rembrandt Harmenszoon van Rijn
우, 〈돌아온 탕자 The Return of the Prodigal Son〉(1642), Rembrandt Harmenszoon van Rijn

1636년 스케치에서 첫째 아들은 집 안 창문을 통해 집 밖에서 얼싸안고 있는 둘째 아들과 아버지의 모습을 지켜보고

예수가 하려던 말들

있다. 1642년 스케치에서는 아마도 밖인 듯 보이는 곳에서 첫째 아들이 둘째 아들과 아버지의 모습을 지켜보고 있다. 첫 번째 스케치에 비하면 배경은 매우 간소화되었다. 그리고 우리가 알고 있는 1666년 작품의 배경은 집 안인 듯하지만, 첫째 아들은 재산관리인으로 보이는 사람을 대동한 채 둘째 아들을 안고 있는 아버지와 대치하고 있다. 세 그림 모두 첫째 아들의 흔쾌하지 않은 모습을 기쁨에 찬 아버지의 모습과 대립시킨다. 오랜 고민에도 불구하고 렘브란트는 이들의 간극을 좁히지 못했고, 그래서 역시 우리에게 묻고 있는 듯하다. 이것이 끝이라고 생각하는가?

비유는 이렇게 마치지만, 결코 끝은 아니다. 비유는 아버지의 집에서 열리는 잔치에 모두 모여 함께 기쁨을 나눌 것을 독려한다. 하나님 나라는 집 밖에 있던 둘째 아들을 찾은 기쁨에 첫째 아들이 동참함으로써 이루어진다. 그들의 과거는 중요하지 않다. 재산을 모두 잃고 거지 신세가 되었다고 아버지의 집에 들어오지 못할 이유는 없다. 아버지의 집이기 때문이다. 마땅치 않은 동생일지라도 그를 받아들이고 함께 즐길 의무가 형에게 있다. 아버지의 집이기 때문이다. 아버지의 집은 누구에게도 닫혀 있지 않다. 아버지는 자신의 집으로 모두가 와서 함께 기쁨을 나눌 그날을 고대하고 있다.

어릴 적 우리에게 꿈과 희망을 안겨 주었던 동화, 안데르센H. C. Andersen의 『미운 오리 새끼』가 있다. 동화의 줄거리는 백조의 알이 오리 세계에 잘못 들어가서 겪는 굴욕과 여기저기 떠다니면서 당하는 폭력, 마침내 고난 끝에 백조 세계에서 자신의 정체성을 발견하는 화려한 비상으로 채워진다. 나는 이 이야기가 썩 마음에 들지 않는다. 멋진 백조의 모습을 담보하지 않는다면, 미운 오리 새끼의 고난은 끝나지 않을 것이기 때문이다. 이야기의 대부분은 백조가 되지 못한 오리 새끼의 고단한 일상으로 채워진다. 오리 새끼는 언제나 '미운 존재'다. 어디에도 받아들여지지 않는 존재다. 백조가 되어야만 보장받을 수 있는 환호는 잔혹하다.

『미운 오리 새끼』는 '닫힌 사회'의 이야기다. 받아들일 만한 사람만 받아들이는 세계를 배경으로 한다. 자신들이 인정한 사람에게만 열리는 사회는 그 사회 밖에 있는 사람에게 절망을 안겨 준다. 어떻게든 성공해서 주류로 편입하겠다는 슬픈 성공 신화만을 양산한다. 백조가 될 확률이 높지 않은 것처럼, 닫힌 문을 열 수 있는 방법도 많지 않다. 그러나 하나님 나라는 멋지지 않아도 나를 받아 주는 아버지가 계신 곳이다. 아무것도 아닌 나에게 자초지종을 묻지도 않고 다독여 주는 아버지가 계신 푸근한 곳이다. 말도 안 되는 심술을 부려도 이유를 따지지 않고 집으로 들어가자고 말하는 아버지가 계신 행복한 곳이다. 성공하지 못한 나, 백조가 되지 못한 나를 멀리서부터 기다리는 아버지가 있다는 사실은 꿈만 같은 일이다.

　물론 심술궂은 형이 텃세를 부리기도 할 것이다. 그러나 함께 기뻐하자는 아버지의 간곡한 애원이 언젠가는 그에게도 받아들여지지 않을까. 둘째 아들이 아버지를 기억한 것처럼, 언젠가는 첫째 아들도 아버지를 기억하지 않을까. 그러니 아버지의 집에 들어가기만 하면, 못된 마음도 풀어지고 욕심도 내려놓을 수 있을 것 같다. 아버지가 있는 곳이니 말이다. 인생길 가운데 여전히 헤매고 있는 우리에게 이 비유는 다시 묻는다. "너는 집 밖에서 길을 잃었는가? 집 안에서 길을 잃었는가?" 어디서든 길을 잃었다면 아버지를 기억하라. 길을 잃지 않았다면, 정말 다행이다. 그렇다면 집으로 들어오는 모든 사람을 아버지의 마음으로 와락 안아 주면 된다. 아무것도 묻지 않고 따지지 않은 채로 말이다. 그뿐이다. 열린 아버지의 집을 우리 마음대로 닫지만 않으면 된다. 우리 집이 아니라 아버지의 집이기 때문이다.

17. 죽음을 받아들이다

그래서 예수께서 말씀하셨다. "귀족 출신의 어떤 사람이 왕위를 받아 가지고 돌아오려고, 먼 나라로 길을 떠날 때에, 자기 종 열 사람을 불러다가 열 므나를 주고서는 '내가 올 때까지 이것으로 장사를 하여라' 하고 말하였다. 그런데 그의 시민들은 그를 미워하므로, 사절을 뒤따라 보내서 '우리는 이 사람이 우리의 왕이 되는 것을 원하지 않습니다' 하고 왕위를 줄 이에게 말하게 하였다. 그러나 그 귀족은 왕위를 받아 가지고 돌아와서, 은화를 맡긴 종들을 불러오게 하여, 각각 얼마나 벌었는지를 알아보고자 하였다. 첫째가 와서 말하기를 '주인님, 나는 주인의 한 므나로 열 므나를 벌었습니다' 하였다. 주인이 그에게 말하였다. '착한 종아, 잘했다. 네가 가장 작은 일에 신실하였으니, 열 고을을 다스리는 권세를 차지하여라.' 둘째가 와서 말하기를 '주인님, 나는 주인의 한 므나로 다섯 므나를 벌었습니다' 하였다. 주인이 이 종에게도 말하기를 '너도 다섯 고을을 다스리는 권세를 차지하여라' 하였다. 또 다른 하나가 와서 말하였다.

예수가 하려던 말들

'주인님, 보십시오, 주인의 한 므나가 여기에 있습니다. 나는 이것을 수건에 싸서, 보관해 두었습니다. 주인님은 엄하신 분이라, 맡기지 않은 것을 찾아 가시고, 심지 않은 것을 거두시므로, 나는 주인님이 무서워서 이렇게 하였습니다.' 주인이 그에게 말하였다. '악한 종아, 나는 네 입에서 나오는 말로 너를 심판하겠다. 너는, 내가 엄한 사람이어서, 맡기지 않은 것을 찾아가고, 심지 않은 것을 거두어 가는 줄 알고 있었다는 말이냐? 그러면 어찌하여 내 은화를 은행에 예금하지 않았느냐? 그랬더라면, 내가 돌아와서, 그 이자와 함께 그것을 찾았을 것이다.' 그리고 그는 곁에 서 있는 사람들에게 '이 사람에게서 한 므나를 빼앗아서, 열 므나를 가진 사람에게 주어라' 하고 말하였다. 그들이 주인에게 말하기를 '주인님, 그는 열 므나를 가지고 있습니다' 하였다. '내가 너희에게 말한다. 가진 사람은 더 받게 될 것이요, 가지지 못한 사람은 그가 가진 것까지 빼앗길 것이다. 그리고 내가 자기들의 왕이 되는 것을 원하지 않은 나의 이 원수들을 이리로 끌어다가, 내 앞에서 죽여라.'"

누가복음 19:12-27

앞서 언급한 것처럼 동일한 비유가 서로 다른 복음서에 중복해서 나오는 경우가 종종 있다. 이럴 경우, 유사한 비유라고 하더라도 세세한 부분이나 그 비유를 전하는 맥락에 따라서 의미가 달라진다는 것도 이미 지적했다. 달란트 비유와 '므나 비유'가 그렇다. 므나 비유도 앞에서 다룬 달란트 비유와 기본적으로 같은 구조를 가지고 있다. 어떤 사람이 종들에게 재산의 일부를 맡기고 집을 떠났고, 얼마 후 그가 돌아와서 종들이 어떻게 돈을 불렸는지에 따라 종들에게 칭찬을 하고 벌을 내리는 이야기다.

그러나 므나 비유와 달란트 비유는 세세한 부분에서 많은 차이가 있으며 전혀 다른 강조점을 가지고 있다. 므나 비유에는 떠나는 귀인의 목적이 분명히 언급된다. 귀인은 왕위를 받으러 먼 길을 떠난다. 일이 계획대로 된다면 그가 돌아올 때 그의 신분은 변해 있을 것이다. 그는 왕이 될 사람이다. 그런데 비유를 보면, 백성은 그가 왕이 되는 것을 탐탁지 않게 여긴다. 백성은 그를 미워했고, 심지어 그에게 왕위를 줄 사람에게 따로 사절을 보내 그가 왕이 되는 것을 막으려고 했다. 이러한 상황은 상당한 위기감을 고조시킨다. 이 비유의 한 주제는 주인과 종의 관계에 관한 것이지만, 다른 한 주제는 왕과 백성의 관계에 관한 것이기도 하다. 주인과 종의 관계는 그들이 어떻게 돈을 불렸는지에 대한 흥미를 유발하지만, 왕과 백성의 관계는 일촉즉발의 긴장 관계 속에서 불안을 유발한다.

예수가 하려던 말들

주인은 열 명의 종에게 각각 한 므나를 준다. 한 므나는 노동자의 100일 정도 품삯에 해당하는 금액이다. 더불어 주인은 자신이 돌아올 때까지 그 돈으로 장사하라고 분명하게 명한다. 이는 주인에게 받은 돈을 불려야 한다는 의무를 부여한다. 주인이 돌아왔고 셈하는 때가 되었다. 첫 번째 종은 한 므나를 가지고 열 므나를 벌었다. 그는 당연히 칭찬을 받았으며 열 고을을 다스리는 권세를 받았다. 장사를 하고 열 배의 이익을 남긴 것은 경제적 상급이 아니라 열 고을을 다스리는 정치적 권세로 환원된다. 한 므나를 가지고 다섯 므나를 번 종에게도 다섯 고을을 다스리는 권세가 주어진다.

반면, 세 번째 종은 주인을 두려워했다. 그는 한 므나를 수건에 싸 둔 채 아무것도 하지 않았다. 그는 주인의 명을 어겼다. 그는 주인에게 충성하지 않았다. 돈을 땅에 묻는 것은 당시에 가장 안전한 방법이었다. 그러나 수건에 싸 둔 돈은 그것을 분실했을 때, 전적으로 잃어버린 사람의 책임이다. 언제든지, 누구나 들고 갈 수 있는 것이 수건에 싸 둔 돈이기 때문이다. 세 번째 종은 단순히 주인을 두려워한 것이 아니다. 그는 주인의 명령을 무시하면서, 자신이 주인의 명령을 듣지 않는 사람이라는 것을 감추지 않고 드러낸다. 한 므나를 가지고 온 세 번째 종에게 주인이 한 말은 매우 합리적이다. 주인이 두려웠다면 은행에 맡겨서 이자라도 받을 수 있게 하는 것이 더 적절한 행동이었기 때문이다.

그러나 이렇게 종과 주인의 관계로 전개되던 비유는 다른 흐름으로 나아간다. 왕이 된 주인은 세 번째 종을 처벌하면서 이렇게 말한다. "내가 자기들의 왕이 되는 것을 원하지 않은 나의 이 원수들을 이리로 끌어다가, 내 앞에서 죽여라." 갑자기 등장한 '원수들'은 '주인이 왕이 되기를 원하지 않는다'는 공통점 때문에 앞서 언급된 백성으로 이해될 수도 있다. 그러나 문맥상 왕이 되어 돌아온 주인이 종들과 계산하고 있는 상황이니, 갑자기 백성이 나오는 것은 어울리지 않는다. 지금 왕 앞에 있는 사람들은 '열 명'의 종이기 때문이다. 비유는 열 명 중 단지 세 명의 종들만을 언급한다.

그렇다면 다른 일곱 종은 한 므나를 어떻게 했을까? 일곱 명의 이야기가 따로 나오지 않는 것은 그들이 세 번째 종과 같은 행동을 했기 때문이 아닐까? 첫 번째 종과 두 번째 종의 이야기는 이미 마무리되었기 때문이다. 주인은 세 번째 종을 '주인이 왕이 되는 것을 원하지 않은 원수들'과 하나로 엮으면서, 세 번째 종의 죄명도 폭로하고 원수들의 정체도 드러낸다. 왕의 명령에 불복한 세 번째 종은 왕을 반대하는 나머지 종들의 대표자로 볼 수 있다. 주인이 왕이 되는 것을 그들이 반대한 이유는 그가 악한 사람이라는 것을 알았기 때문이다. 이런 맥락이라면, 세 번째 종이 왜 돈을 수건에 싸 두었는지 그 이유를 알 수 있다. 그의 의도적 불충은 주인이 왕이 되는 것을 원하지 않는다는 항거의 의미였다.

결국 그들은 모두 왕 앞에서 죽임을 당한다. 비유의 앞부분에서 언급되었던 왕과 그를 미워하는 백성의 관계가 비유의 마지막 부분에서 왕과 그를 미워하는 원수들의 관계로 전환되면서, '주인이 왕이 되는 것을 원하지 않는 사람들'이 비유의 구조적 틀을 이룬다. 이 틀을 통해서 비유는 죽음을 무릅쓰고 악한 왕에게 항거했던 백성과 종들의 비극적 이야기를 전한다. 이 틀 안에서 세 번째 종은 종들의 대표자일 뿐 아니라 주인이 왕이 되기를 원하지 않는 백성의 대표이기도 하다.

이 비유는 헤롯 대왕이 죽고 팔레스타인 지역에 왕이 임명되는 상황을 배경으로 한다. 당시 왕이 될 사람은 보위에 오르기 전에 로마에 가서 왕으로 임명을 받아야 했다. 예수 탄생의 배경이 되었던 헤롯 대왕이 죽으면서, 그가 자신의 세 아들에게 팔레스타인 땅을 나누어 주었는데, 그중 하나가 아켈라오스였다. 그는 왕으로 임명받기 위해서 로마에 갔지만, 아켈라오스가 유대 왕으로 책봉되는 것을 반대하는 자들이 로마 황제였던 아우구스투스에게 사절단을 보냈다. 결국 아켈라오스는 왕이 될 수 없었고, 분봉왕에 만족해야 했다.

이 비유는 당시의 불의한 정치 세력을 배경으로 하나님 나라를 기대하게 한다. 이를 통해 진정한 왕이란 자신의 권력을 죽이는 데 사용하는 사람이 아니라, 세 번째 종과 같이 악에 대항하는 사람이라는 것을 보여 준다. 그런데 세 번째 종이 악에 대항하는 방법은 참으로 무모하기 짝이 없다. 수건에 돈을 싸는 방법은 누가 보아도 왕에 대한 거부가 빤하다. 이 종은 전혀 먹힐 수 없는 나약한 방법으로 왕에게 항의한다. 사용할 수 있는 온갖 무력武力을 가지고 있는 왕에게는 애송이 같은 짓이다. 그러나 이것이 세 번째 종의 무기다. 세 번째 종의 방법은 왕과는 달리 비폭력적이다. 그 방법은 비폭력적인 만큼 무력無力하다.

그러나 그 방법으로 세 번째 종은 왕의 악함을 드러냈다. 그리고 무고하게 희생당했다. 왕을 미워하는 사람들은 세 번째 종의 죽음을 통해서 무력을 사용하지 않고 악에 대항하는 방법을 고민할 것이다. 평화는 단순히 구렁이 담 넘어가듯, 좋은 것과 나쁜 것을 구별하지 않고 이루어지는 것이 아니다. 세 번째 종은 악한 왕을 선하다고 말하지 않는다. 세 번째 종은 자신에게 돌아올 불이익을 알았지만 그에게 반항한다. 세

예수가 하려던 말들

번째 종은 칼을 사용하지 않은 채 죽음을 감내한다. 그를 따른 나머지 종들도 같은 방법으로, 같은 선을 추구한 사람들이다. 그러므로 이 비유는 선을 실현하는 새로운 방법을 고심하게 한다. 악을 드러내지만 악에 굴복하지 않는 방법을 말이다.

아테네의 청년들을 타락시키고 아테네의 신을 믿지 않는다는 이유로 기소된 철학자 소크라테스Socrates는 결국 사형 선고를 받는다. 많은 사람이 돈을 주고라도 감옥에서 벗어나라고 소크라테스에게 권고했지만, 그는 거부한다. 그는 죽음 앞에서라도 좋은 삶을 살고 싶다고 말한다. 그에게 좋은 삶이란, 명예롭게 사는 것, 정의롭게 사는 것, 명예롭게 행동하는 것, 그리고 정의롭게 행동하는 것이었다. 그는 '도시가 나를 정의롭게 대하지 않는다고 나도 도시를 정의롭지 않게 대할 수 없다'고 말한다. '악법도 법이다'라는 유명한 말은 아마도 이 맥락에서 나왔을 것이다. 소크라테스는 궁극적으로 올바른 관계를 강조하는데, 폭력은 모든 올바른 방법의 장애물이다. 올바른 관계는 진리를 통해서만 이루어진다. 이것이 소크라테스가 진리를 추구하는 이유다.

그러므로 그는 불의에 대해서라도 폭력을 가하는 것을 거부한다. 폭력적 방법이 아니라 끝까지 설득하는 것을 통해서, 다른 이들과 함께 살아가는 것이 명예롭고 정의로운 방식이라고 생각한다. 올바른 관계가 이루어진다면 정의와 명예는 실현될 수 있다. 그러므로 올바른 관계가 실현될 수 있는 방법을 모색하는 것, 이것이 진실한 사람이 해야 할 일이다. 소크라테스에게 있어서 진정한 명예와 정의란, 불의를 정의로 돌려주는 것이다. 진실하게 산다는 것, 정의를 실천한다는 것, 명예롭게 산다는 것, 이 모든 것은 진정으로 이상적理想的이다. 그러나 이상적인 것을 불가능하다고 밀쳐놓으면, 어느새 우리 앞에는 불의와 부정과 부패의 냄새만이 진동할 뿐이다. 악한 것을 대하는 악한 행동 말고, 악한 것을 대하는 선한 방법이 무엇인지를 늘 고민해야 한다. 이는 우리의 삶에서 가장 중요한 숙제이기도 하다.

비록 그 방법이 결국 죽음을 불러오더라도, 어느 순간 자신의 이익을 버리고 소리를 내야 한다면, 그때를 지나치지 않는 것이 믿음이다. 세 번째 종은 주인이 왕이 되는 것을 원하지 않는 백성을 대신해서 자신의 목숨을 내놓았다. 언제든지 자신을 죽일 수 있는 폭력 앞에서의 무력한 방법은 그 자체로 불의와 정의를 드러낸다. 무력하게 나귀를 타고 예루살렘에 입성한 예수가 결국 십자가를 짊어짐으로써 불의와 정의를 가려 낸 것처럼 말이다. 예수의 부활은 예수의 정의와 예수를 죽인 자들의 불의를 입증한다. 결국 우리에게 생명을 준

예수가 하려던 말들

것은 권력을 원한 아켈라오스가 아니다. 그의 무력武力은 많은 사람을 죽일 수 있었지만, 살릴 수는 없었다. 생명은 십자가를 진 예수의 무력無力에서 비롯한다. 세 번째 종의 모습은 예수의 그 길에 잇닿아 있다.

18. 행복을 선택하다

예수께서 비유로 여러 가지를 가르치셨는데, 가르치시면서 그들에게 이렇게 말씀하셨다. "잘 들어라. 씨를 뿌리는 사람이 씨를 뿌리러 나갔다. 그가 씨를 뿌리는데, 더러는 길가에 떨어지니, 새들이 와서 그것을 쪼아먹었다. 또 더러는 흙이 많지 않은 돌짝밭에 떨어지니, 흙이 깊지 않으므로 싹은 곧 나왔지만, 해가 뜨자 타버리고, 뿌리가 없어서 말라 버렸다. 또 더러는 가시덤불 속에 떨어지니, 가시덤불이 자라 그 기운을 막아 버려서, 열매를 맺지 못하였다. 그런데 더러는 좋은 땅에 떨어져서, 싹이 나고, 자라서, 열매를 맺었다. 그리하여 삼십 배, 육십 배, 백 배가 되었다." 마가복음 4:2-8

유명한 '씨 뿌리는 농부 비유'다. 이 비유는 하나님 나라를 씨 뿌리는 농부에 빗댄다. 농부가 씨를 뿌리러 나갔고, 서로 다른 네 종류의 땅에 떨어진 씨는 열매를 맺는 정도에도 각각 차이

예수가 하려던 말들

가 있다는 내용이다. 비교적 단순한 이 비유는 세 가지 관전 포인트를 가지고 있다. 각각의 관점에 따라 비유의 의미가 달라진다. 그 각각은 씨, 땅, 농부다.

먼저 씨의 관점에서 보자면, 이 씨는 소위 엄청난 씨다. 좋은 땅에 떨어졌을 경우, 삼십 배, 육십 배, 백 배까지 결실을 맺을 수 있다는 것은 이 씨가 보통 씨가 아니라는 사실을 알려 준다. 당시 곡물의 평균 수확량은 7-15배였다. 이와 비교했을 때 백 배의 결실은 비현실적이며 과장된 측면이 있지만, 씨의 생산력을 극대화하는 효과가 있다. 최대 백 배까지의 결실이란 상상할 수 없는 일이다. 씨의 이러한 가능성은 씨 자체를 보증해 준다. 만약 어떤 예기치 못한 일이 발생해서 수확이 기대에 못 미친다면, 그것은 절대 씨의 문제일 수 없다. 그렇다면 문제는 땅으로 옮겨 간다.

네 종류의 땅이 언급된다. 씨가 파괴되어서 애초에 싹을 틔울 수 없는 첫 번째 땅, 습기가 없어서 싹을 말려 버린 두 번째 땅, 가시 때문에 싹의 기운을 막은 세 번째 땅, 열매를 맺는 네 번째 땅. 곧 길가, 돌짝밭, 가시덤불, 좋은 땅으로 언급된다. 각각의 땅에 대한 이야기가 나오기는 하지만, 앞의 세 경우는 결실을 맺지 못한다는 면에서 동일하다. 이 세 땅의 차이는 그렇게 중요하지 않다. 이 비유의 목적은 네 가지 땅의 종류를 설명하려는 데 있지 않다. 이 비유는 궁극적으로 결실을 맺지 못하는 첫 번째, 두 번째, 세 번째 땅과 결실을 맺은 네 번째 땅을 대조시킨다. 모든 땅의 지향점은 네 번째 땅이다. 결론은 많은 결실을 맺게 하는 것이고, 그렇다면 좋은 땅을 찾아 씨를 뿌리는 것이 중요하다.

씨에 대한 관심이 땅으로 옮겨 왔다면, 땅에 대한 관심은 다시 농부에게로 이동한다. 땅의 성질이 이렇듯 다양한 것은 당연한 일이다. 여러 해 많은 결실을 맺었던 땅이라고 하더라도 땅의 성질은 언제나 변할 수 있다. 농부는 씨를 뿌리는 일만 하는 것이 아니라 땅의 성질을 파악하고 땅에 정성을 쏟아야 한다. 그렇다면 농부는 씨를 뿌리기 전에 먼저 땅을 정리해서 가시덤불도 제거하고 돌들도 치우는 일을 했어야 하지 않을까? 농부는 준비 없이 아무 곳에나 씨를 뿌려서 그 좋은 씨를 낭비한 것이 아닌가? 아마도 이 농부는 씨를 과신하고 있었을지 모른다. 자신이 좋은 씨를 가지고 있다는 사실을 안 농부는 이 씨가 어디서든 잘 자랄 것이라고 믿었을 것이다. 혹은 이 좋은 씨의 능력을 믿는다면, 많은 씨가 이상한 곳에 떨어져 결실을 맺지 못한다고 하더라도, 좋은 땅에 떨어진 하나의 씨만으로도 다른 씨들의 실패를 상쇄할 수 있다고 생각했을지 모른다.

예수가 하려던 말들

농부의 꿍꿍이를 알기 위해서는 당시 팔레스타인의 농경법에 대한 이해가 필요하다. 다양한 농경법이 있기는 하지만, 팔레스타인에서는 씨를 뿌린 후에 쟁기질을 하는 것이 일반적 관습이었다고 한다. 땅을 먼저 고르지 않은 채, 씨를 뿌리는 농부의 모습은 팔레스타인 파종 절차의 전형을 보여 준다. 이러한 농경법을 염두에 둔다면, 이 비유는 매우 열린 형태를 가지고 있다고 볼 수 있다. 이 비유는 아직 절반만 이야기하고 있기 때문이다. 먼저 씨를 뿌리고 나중에 땅을 일구는 방법을 생각한다면, 이 비유에는 씨를 뿌린 후에 해야 할 일, 곧 땅을 일구는 작업에 대한 언급이 나와 있지 않다.

사람들은 이 좋은 씨가 아무 곳에나 마구 떨어져서 결실을 못 맺는 이야기를 들으면서 혹시 생각하지 않았을까? "아이고, 아까워라! 저 좋은 씨를 저렇게 버리다니!" 좋은 씨 하나가 맺을 놀라운 결실로 열매 맺지 못한 씨들의 실패를 상쇄할 수 있다고 생각하는 사람은 이미 농부의 마음을 모르는 사람이다. 비유를 듣는 청중이 농부라면, 아마도 비유 속 농부가 그다음 작업, 땅을 일구는 작업을 하지 않은 것을 의아하게 생각할 것이다. 씨를 뿌리다 보면 길가나 돌짝밭이나 가시덤불에 씨가 떨어질 수도 있다. 그럼에도 이런 농경법을 택하는 것은 이후 작업으로 그 씨들을 살려낼 수 있었기 때문이다.

아마도 이 특이한 농경법은 확률상 다른 방법보다 씨의 손실을 덜어 주었던 경험으로부터 나온 것일 수 있다.

　그렇다면 농부가 할 일은 땅을 일구는 일이다. 농부의 손길로, 길가나 돌짝밭이나 가시덤불에 떨어진 씨들은 새로운 생명을 얻고 삼십 배, 육십 배, 백 배의 결실을 맺게 될 것이다. 이 비유가 절반만 말하고 있다는 것은 이런 이유 때문이다. 농부의 수고로운 땀방울을 감추고 있는 비유의 열린 결말은 농부에게 결단을 촉구한다. 농부가 씨를 뿌리고 그 씨들이 다양한 땅에 떨어지는 것에는 어쩌면 수많은 우연이 작용한다. 물론 농부는 좋은 땅에 씨가 떨어지도록 최선을 다했지만, 어떤 씨들은 생각지도 못한 곳에 떨어진다. 좋은 땅에 떨어질 때도, 그것은 마치 '어쩌다' 떨어진 것일 수 있다. 그렇게 떨어진 네 가지 땅의 종류를 보면 농부의 일은 언제나 실패가 더 많을지도 모른다. 좋은 땅에 떨어질 확률은 사분의 일밖에 되지 않으니 말이다.

　그러나 농부가 어쩌다 떨어진 좋은 땅에서의 예기치 않은 결실에 기대지 않고, 자신의 본분에 따라 땅을 일구기 시작한다면 상황은 달라질 것이다. 어느새 길가에 떨어진 씨들이 제자리를 찾고 가시덤불이 뽑히고 돌들이 치워지면, 놀라울 만큼 기름진 땅이 농부에게 펼쳐질 것이다. 그렇다면 농부

　　　　　　　　　　　　　예수가 하려던 말들

는 결단해야 한다. 좋은 씨의 효능에 기댄 '어쩌다'의 수확에 만족할 것인가? 혹은 좋은 씨가 생명을 틔울 수 있는 땅을 경작하는 일에 혼신을 다할 것인가? 후자는 틀림없이 농부의 삶을 피곤하게 만들 것이다. 그러나 그것이 농부의 원래 삶이라는 것도 분명하다. 이 비유는 확실히 씨 뿌리는 농부에게 초점이 있다.

세 종류의 땅이 결실을 못 맺는 이유도 언급되지만, 안타깝게도 땅은 스스로 변하지 않는다. 땅에 자극을 가할 수 있는 것은 농부뿐이다. 농부는 부지런히 움직이며 골칫거리 땅들을 좋은 땅으로 변화시켜야 한다. 그러기 위한 노력과 인내는 오롯이 농부의 몫이다. 좋은 땅과 결실이 보장된 씨를 가지고 있다고 해서 그 일을 게을리해서는 안 된다. 씨에게 핑계를 댈 수 없기 때문이다. 이 비유는 좋은 씨를 가지고 있는 농부에게 '네가 좋은 땅을 일구라'고 말한다. 씨를 뿌린 것으로 멈출 수 없으며 계속해서 땅을 일구어서, 나쁜 땅이 좋은 땅으로 변하고 수많은 결실을 맺도록 노력하라는 말이다.

이 비유는 삼십 배, 육십 배, 백 배의 열매를 맺고 평생 일하지 않고 놀 수 있는 삶을 말하는 것이 아니다. 농부란 계속해서 땅을 일구는 사람이기 때문이다. 단지 그 기쁨을 얻기 위한 농부의 고된 삶을 상상하게 하는 것이 비유의 의도인 듯하다. 나쁜 땅을 좋은 땅으로 만들고 좋은 땅이 나쁜 땅이 되지 않도록 애쓰는 것은 말로 다할 수 없을 만큼 어려운 일이다. 농부는 그 일을 해내야 한다. 그러므로 농부는 선택해야 한다. '좋은 땅에 떨어진 씨에 만족할 것인가, 다른 땅들도 좋은 땅으로 만드는 수고로움에 참여할 것인가'를 말이다.

선택은 고통스러운 일이다. 이따금 선택의 결과를 장담할 수 없을 때가 더 많기 때문이다. 선택으로 더 좋은 것을 얻기를 원하지만, 그렇지 못할 수도 있다. 상황이 나빠진다면 그것은 어리석은 선택이 될 것이다. 그러나 이때 다시금 생각해야 한다. 결과가 좋다는 것은 무엇인가? 더 많은 이익을 얻는다는 것은 무엇인가? 선택을 통해서 진정으로 얻고자 하는 것이 과연 눈앞의 이익인가? 선택이 더 많은 고통과 어려움을 가중시킬 수 있지만, 고통과 갈등의 과정을 넘어 결국 옳은 길을 선택한다면, 그만큼 보람이 있는 일도 없다. 그 보람을 우리는 종종 행복이라고 부른다. 행복은 단순히 마음의 평안이나 풍요를 통해서 얻어지는 것이 아니라, 스스로 선택한 좋은 삶을 통해서 이루어진다.

소크라테스는 좋은 삶을 명예, 정의 등과 관련짓는 반면에 아리스토텔레스는 좋은 삶을 행복과 관련짓는다. 그는 인간 삶의 본질이 행복에 있다고 생각했다. 행복을 뜻하는 '에

예수가 하려던 말들

우다이모니아ₑᵤₐᵢₘₒₙᵢₐ'는 인간의 탁월함과 어울리는 정신 활동이다. 에우다이모니아는 풍부한 지식, 훌륭한 판단력, 실천적 지혜와 같은 지적 능력의 탁월함을 뜻한다. 그런데 인간은 혼자 살 수 없기 때문에 이러한 탁월함을 발휘해야 하는 장소는 공동체다. 아리스토텔레스에게 있어서 공동체는 물론 국가다. 인간은 혼자서는 기본적인 인간의 생활뿐 아니라 좋은 삶을 추구할 수 없다. 좋은 삶을 추구할 수 없다면 결국 행복도 사라진다. 그러므로 우리가 추구하는 진정한 행복은 공동체 안에서, 다른 사람과의 관계 안에서 가능하다. 자신만의 성공으로 행복을 말할 수 없다. 자신이 가진 탁월함을 오롯이 자신만을 위해서 사용한다면 행복은 이루어지지 않는다. 아리스토텔레스는 자신의 이익에 집착하지 않는 시민적 용기를 가지고 자신의 탁월함을 공적 일을 통해서 드러낼 때, 에우다이모니아가 공동체적 삶 안에서 완성된다고 말한다. 행복은 이기적인 삶을 누리는 것이 아니라, 다른 사람과 함께하는 좋은 삶으로부터 연유한다. 자신만의 행복을 위해서 바른 선택을 포기한다면, 좋은 삶은 망가지고 행복도 사라진다.

자신이 잘 먹고 잘 살 수 있는 길과 올바른 길 사이에서 진실을 선택하는 것은 자신을 벗어날 때 가능하다. 그토록 간절하게 얻고자 하는 행복은 아이러니하게도 자신을 벗어남으로써 얻을 수 있다. 농부의 수고로운 삶도 이와 같다. 좋은 땅에 떨어진 좋은 씨가 놀라운 결실을 맺을 때까지 기다리고만 있어도 썩 괜찮은 농사일지 모른다. 농부는 잘 먹고 잘 살 수 있을 것이다. 그러나 이 비유의 본뜻은 그것이 아니다. 농부는 씨를 뿌리고 다시 땅을 일구어야 한다. 나쁜 땅을 좋은 땅으로 만들어야 한다. 올해 만든 좋은 땅이 다음 해에 나쁜 땅이 되지 않도록 꾸준히 땅을 돌봐야 한다.

이 비유 속 농부는 땅들에게 희망을 주는 사람이다. 너희들도 좋은 땅이 될 수 있다고 말하며, 그것들이 좋은 땅이 되도록 최선을 다하는 사람이다. 그러므로 이 비유는 너희가 농부라면 무엇을 해야 하는지, 너희의 행복이 어디에 있는지를 묻는다. 농부는 나쁜 땅을 탓할 수 없다. 나쁜 땅은 농부의 과제다. 돌들을 들어내고 가시덤불을 뽑아야 하는 일은 농부의 몫이다. 농부는 언제나 새롭게 땅을 일구어야 한다. 그가 가진 좋은 씨를 낭비하는 것은 어리석은 일이기 때문이다. 씨가 좋을수록 농부의 일은 많아진다. 농부는 고된 오늘을 아름다운 삶으로 만들며 지치지 않고 행복을 나누는 사람이다. 오늘도 땅을 일구는 농부의 현명한 선택만이 그 자신과 우리를 행복으로 이끌어 줄 것이다.

예수가 하려던 말들

19. 책임을 다하다

"그런데, 하나님 나라는 이런 일에 비길 수 있을 것이다. 처녀 열 사람이 등불을 마련하여, 신랑을 맞으러 나갔다. 그 가운데 다섯은 어리석고, 다섯은 슬기로웠다. 어리석은 처녀들은 등불은 마련하였으나, 기름은 여분으로 마련하지 않았다. 그러나 슬기로운 처녀들은 등불과 함께 통에 기름도 마련하였다. 신랑이 늦어지니, 처녀들은 모두 졸다가 잠이 들었다. 그런데 한밤중에 외치는 소리가 났다. '신랑이 온다. 나와서 맞이하여라.' 그 때에 그 처녀들이 모두 일어나서, 제 등불을 손질하였다. 미련한 처녀들이 슬기로운 처녀들에게 말하기를 '우리 등불이 꺼져 가니, 너희의 기름을 좀 나누어 다오' 하였다. 그러나 슬기로운 처녀들이 대답하기를 '그렇게 하면, 우리에게나 너희에게나 다 모자랄 터이니, 안 된다. 차라리 기름 장수들에게 가서, 사서 써라' 하였다. 미련한 처녀들이 기름을 사러 간 사이에 신랑이 왔다. 준비하고 있던 처녀들은 신랑과 함께 혼인 잔치에 들어가고, 문은 닫혔다. 그 뒤에 나머지 처녀들이 와서 '주님, 주님, 문을 열어 주십시오' 하고 애원하였다. 그러나 그는 대답하여 말하기를 '내가 진정으로 말한다. 나는 너희를 알지 못한다' 하였다. 그러므로 깨어 있어라. 너희는 그 날과 그 시각을 알지 못하기 때문이다."

마태복음 25:1-13

'열 처녀 비유'의 배경은 결혼식이다. 결혼식에서 신부는 열명의 들러리의 도움을 받는다. 비유에서 등불을 마련하여 신랑을 맞이하러 간 열 명의 처녀는 들러리다. 들러리가 된 처녀들은 각자의 등을 준비하여 신부 집에 가서 신랑을 맞이해야 한다. 결혼식이 시작되면 이 들러리들이 신부를 동반해서 신랑 집 혹은 신랑 부모님 집까지 행진한다. 그러므로 결혼식에는 평소보다 많은 등불의 기름이 필요하다. 신랑 집까지 가는 내내 불을 밝혀야 하며, 신랑 집에 도착해서 횃불 춤을 출수도 있기 때문이다. 결혼식을 위해서 기름을 충분히 준비하는 것은 당연한 일이다.

그런데 이 비유에서는 예기치 않은 일이 발생했다. 생각보다 신랑의 도착이 늦어졌고, 신랑을 기다리던 들러리들이 모두 잠든 것이다. 그렇게 들러리들이 잠들었을 때 신랑이 도착했다. 한밤중에 도착한 신랑을 맞이하기 위해서 제일 먼저한 행동은 등불을 점검하는 일이었다. 그런데 들러리 중 한

예수가 하려던 말들

그룹은 기름을 충분히 준비한 반면, 다른 그룹은 기름을 충분히 준비하지 못했다. 비유는 전자를 슬기로운 처녀들이라고 부르고 후자를 미련한 처녀들이라고 부른다. 다섯 명의 처녀는 기름을 충분히 준비했지만, 미련한 처녀들은 신랑이 늦게 오는 불상사에 대비하지 못했다. 그들은 결혼식이 시작되기도 전에 준비한 기름이 떨어질 위기에 처했다.

그녀들이 당장 할 수 있는 대안은 기름이 충분한 슬기로운 처녀들에게 기름을 나누어 달라고 부탁하는 것이었지만, 슬기로운 처녀들은 기름을 나누어 주지 않았다. 슬기로운 처녀들의 행동이 야박해 보이지만, 그녀들을 탓할 수는 없다. 미련한 자들의 요구대로 자신들의 기름을 나누어 주면, 결국 모두가 기름이 부족해져서 자칫 결혼식을 망칠 수 있기 때문이다. 미련한 처녀들의 기름이 떨어진다고 해도, 슬기로운 처녀들의 기름으로 결혼식을 무사히 마치는 것이 들러리들의 할 일이다. 할 수 없이 기름을 사러 나간 미련한 처녀들은 결혼식에 참여할 수 없었다. 그녀들이 돌아왔을 때 문은 굳게 닫혀 있었다. 이 얼마나 억울한 일인가! 기꺼이 신부의 들러리가 되기로 했고, 기름을 준비하지 않은 것도 아니다. 그런데 심지어 결혼식에 참석하지도 못했다.

아마도 미련한 처녀들은 통상적으로 준비해야 하는 만큼

의 기름을 가져갔을 것이다. 책임은 늦게 온 신랑에게 있다. 신랑이 예상대로 왔다면 기름은 모자라지 않았을 것이다. 중간에 잠든 것도 문제가 되지 않는다. 그런데도 이 비유는 신랑에게 책임을 묻지 않고 기름을 충분히 준비하지 않은 처녀들을 미련한 사람이라고 칭하며 문전박대한다. 들러리로 초대받은 그녀들은 신부와 밀접한 관계였지만, 결국 그녀들이 들은 말은 '나는 너희를 알지 못한다'이다. 이 비유는 결혼식의 즐거움이 어디서 오는지를 생각하게 한다. 결혼식의 즐거움은 그 즐거움을 준비하는 데서 비롯한다. 준비하지 않은 자에게 결혼식은 즐거운 일이 아니다. 이렇게 준비의 중요성을 이야기하는 비유는 열 처녀 비유 외에 또 있다. 바로 '망대 비유'와 '전쟁 비유'다.

"너희 가운데서 누가 망대를 세우려고 하면, 그것을 완성할 만한 비용이 자기에게 있는지를, 먼저 앉아서 셈하여 보아야 하지 않겠느냐? 그렇게 하지 않아서, 기초만 놓은 채 완성하지 못하면, 보는 사람들이 그를 비웃기 시작하여, 말하기를 '이 사람이 짓기를 시작만 하고, 끝내지는 못하였구나' 할 것이다. 또 어떤 임금이 다른 임금과 싸우러 나가려면, 이만 명을 거느리고 자기에게로 밀고 들어오는 자를 만 명으로 당해

낼 수 있을지를, 먼저 앉아서 헤아려 보아야 하지 않겠느냐? 당해 낼 수 없겠으면, 그가 아직 멀리 있는 동안에, 사신을 보내서 화친을 청할 것이다."(누가복음 14:28-32)

망대를 세우는 사람이 할 일은 그것을 완공하는 데 얼마의 비용이 드는지 정확하게 계산하는 것이다. 계산에 맞추어서 비용을 준비한 뒤 공사를 시작하는 것이 바른 순서다. 만약 비용이 부족해서 공사를 도중에 중단하게 된다면, 그것은 시작하지 않는 것만 못하다. 그동안 쏟아부은 모든 것을 수포로 돌린 미련한 자에게 남는 것은 사람들의 비웃음뿐이다. 수많은 준비에도 불구하고 "나는 너희를 알지 못한다"는 말을 들은 미련한 들러리들과 다를 바가 없다.

전쟁의 경우도 마찬가지다. 전쟁을 하기 위해서는 자신들의 전력과 상대방의 전력이 어떠한지, 자신들이 상대방을 이길 가능성이 얼마나 되는지를 정확히 계산해야 한다. 자신들의 능력을 고려하지 않고 전쟁을 벌인다면, 수많은 사람의 목숨만 앗아 갈 뿐이다. 전쟁으로 얻을 것이 없다면 무조건 싸울 것이 아니라 상대방과 재빨리 화친을 맺는 것이 낫다. 화친으로 무고한 생명을 희생시키지 않는 것이 전쟁에서 수많은 사람을 위기에 몰아넣는 것보다 훨씬 좋은 일이다. 정확한 계산 없이 전쟁을 일으켜 많은 사람을 희생시키는 것은 미련한 짓이다.

이러한 맥락에서, 예수는 자신을 따르는 무리에게 말했다. "누구든지 내게로 오는 사람은, 자기 아버지나 어머니나, 아내나 자식이나, 형제나 자매뿐만 아니라, 심지어 자기 목숨까지도 미워하지 않으면, 내 제자가 될 수 없다. 누구든지 자기 십자가를 지고 나를 따라오지 않으면, 내 제자가 될 수 없다"(눅 14:25-27). 그리고 말을 보탰다. "너희 가운데서 누구라도, 자기 소유를 다 버리지 않으면, 내 제자가 될 수 없다"(눅 14:33). 이 구절들을 통해서 우리는 망대 비유와 전쟁 비유가 우리로 하여금 믿음을 위해서 무엇을 준비하고 계산할 것을 요구하는지 살펴볼 수 있다.

믿음을 위해서 필요한 계산은 '무엇을 버릴 것인가?'이다. 오늘날 많은 사람이 자신의 이익을 계산하고 그것을 목적으로 움직인다. 그러나 하나님 나라는 다르다. 하나님 나라에서는 자신이 버릴 것을 계산하고 그에 따라 움직여야 한다. 버릴 것을 계산하지 않고 믿음의 길에 들어선 사람은 미련한 사람이다. 그는 기름 없이 들러리가 된 처녀이며, 계산 없이 망대를 짓겠다고 날뛰는 사람이며, 병력 없이 전쟁을 치르겠다는 생각 없는 사람이다. 준비와 계산은 원하는 일을 끝까지 할 수

예수가 하려던 말들

있는 동력이기 때문이다. 믿음이란 주먹구구식으로 무작정 밀어붙이는 것이 아니다. 버릴 것을 계산하지 않은 믿음은 온전한 믿음으로 완성되지 않는다. 그 믿음은 욕망일 뿐이다.

사회 심리학자 레빈K. Lewin은 변화를 '해동 - 혼란 - 재동결'이라는 과정을 통해서 설명한다. 해동은 지금까지의 사고방식이나 행동 양식을 바꿔야 한다는 현실 자각을 통해 변화를 준비하는 단계다. 이 해동의 과정은 혼란으로 연결된다. 이전의 것이 불필요해지면서 익숙했던 것과 결별하는 과정은 고통을 동반하며 혼란을 야기한다. 이 혼란은 우리로 하여금 차라리 이전의 방식으로 돌아가고 싶다는 유혹에 빠지게도 한다. 무엇인가를 버리고 새로운 것을 향해 간다는 것은 그리 쉽게 이루어지지 않는다. 이는 수많은 갈등과 혼돈의 강을 건너는 일이다. 그리고 마지막으로 재동결을 통해 새로운 결정체가 형성된다. 재동결은 새로운 관점과 사고가 결실을 이루는 단계다.

레빈이 제시한 '해동-혼란-재동결'은 믿음의 과정이기도 하다. 믿음은 '이전 것'을 버리는 일에서 시작한다. '이전 것'은 부모이기도 형제이기도 재산이기도 하다. 지금까지 자신이 기대어 살아오던 모든 것이 흔들려야 비로소 새로운 믿음이 들어갈 자리가 생기지 않겠는가! 그러나 믿음은 또한 이 버리는 과정에 따르는 혼돈과 갈등을 겪어 내는 것이기도 하다. 어느 것도 쉽게 버릴 수 없기 때문이다. 이 모든 과정을 거쳐야 하나님의 가치와 질서가 우리의 삶을 지배할 것이고, 비로소 우리는 믿음의 길을 가게 될 것이다. 그러므로 예수를 따르는 사람들은 처음부터 계산해야 한다. 잘못된 계산을 한다면, 그것은 자신의 책임이지 예수의 책임이 아니다. 잘못된 계산을 한 미련한 처녀에게 책임이 있는 것처럼 말이다.

책임이라는 말은 현재적 삶과 미래적 삶을 연결하는 단어다. 미래에 대한 계산으로 현재적 삶을 살아 냄으로써, 현재적 삶이 미래에 긍정적 영향을 끼치게 하는 것이 책임이다. 책임을 지는 사람에게 현재와 미래는 분리되지 않는다. 믿음은 이렇듯 현재적 삶과 미래적 소망 사이에 있다. 그 미래의 빛 아래 충분히 계산한 것을 버리며 현재를 산다면, 이는 슬기로운 삶이 될 것이다. 믿음의 계획성, 미래의 빛으로 현재의 버릴 것을 생각하며 믿음의 길을 가는 것, 그것이 바로 종말론적 삶이다. 그러므로 새로운 시작은 '이제 내가 끝내야 할 것은 무엇인가?'를 물음으로써 출발한다. 그리고 이 물음은 '결국 내가 갈 길은 어디인가?'와 연결된다. 책임은 이렇듯 '버릴 것'과 '갈 곳'을 생각하는 계산으로부터 나온다. '버릴 것'은 현재며 '갈 곳'은 미래다.

예수가 하려던 말들

버림은 단순한 희생이나 손해가 아니다. 버림은 하나님 나라에 들어가는 새로운 순간이다. 열 처녀 비유는 '기름을 준비하라'는 말로 우리의 삶에 도전을 준다. 그러나 '기름을 준비하는 것'을 손에 잡히고 눈에 보이는 업적들을 쌓아 두는 것으로 이해한다면, 그것은 또한 미련한 계산일 뿐이다. 이것은 비유다. 정확히 말해서 이 비유는 기름 이야기가 아니다. 마지막 때의 결혼식에 참여하기 위해서 무엇을 준비할 것인지를 상상하게 하는 데 이야기의 목적이 있다. 믿음의 시작에 비움과 버림이 있다면 기름은 바로 이를 의미할 것이다. 기름을 많이 준비했다는 것은 그만큼 비우고 그만큼 버렸다는 뜻이다.

　　버리지 않으면 신부의 들러리가 될 수 없다. 또한 신랑을 기다릴 수 없으며 결혼식에 참석할 수도 없다. 사실 결혼식보다 더 즐거운 일들이 얼마나 많은가! 버리지 않으면 신부나 신랑에게 관심을 가질 수조차 없다. 애초에 해동이 되지 않았는데 어떻게 재동결이 이루어지겠는가! 우리는 믿음을 위해서 무엇을 많이 할 생각보다 무엇을 하지 않을지를 먼저 생각해야 한다. 어쩌면 기름을 나누어 줄 수 없었던 슬기로운 처녀들은 이 고민을 했던 것이 아닐까. 행위와 업적은 다른 사람과 나눌 수 있지만 버림과 비움은 나눌 수 없기 때문이다.

이는 스스로 하지 않으면 안 되는 일이다. 비움과 버림은 빌려줄 수도 없는 일이다.

그러나 비움과 버림을 배울 수는 있다. 따라 하며 흉내 낼수는 있다. 예수가 십자가를 진 것은 우리에게 비움과 버림을 가르치기 위함이 아닌가! 누군가 예수를 따라 그렇게 버리고 그렇게 십자가를 진다면, 그를 지켜보는 사람 또한 그를 따라 예수를 흉내 낼 수 있을 것이다. 이렇듯 서로에게 힘을 주며 함께 걷는 것이 믿음이다. 앞서가는 사람의 뒷모습을 볼 때, 무엇을 계산하는가? 혹시 어떻게 하면 그보다 빠른 속도로 그보다 많이 갈 것을 계산하고 있지는 않은가? 믿음은 그가 버린 것을 가늠하며 자신이 버릴 것을 돌아보는 일이다. 그 계산으로 기름을 넉넉히 채워 즐거운 결혼식을 준비하는 것이 믿음이다.

열 처녀 비유는 우리에게 '어떻게 결혼식의 즐거움에 참여할 것인가?'라는 질문을 던진다. 이는 온전히 우리의 문제이며 우리의 선택이다. 버릴 것을 버리지 못하고 계산할 것을 계산하지 못한다면, 결혼식은 없다. 오래도록 기다렸지만, 기다렸다는 사실만으로는 아무 소용이 없다. 그 정도의 기름을 준비하는 것도 힘들었다고 말한다면, 더 이상 할 말은 없다. 신랑이 언제 올지 모른다고 하더라도, 기름을 준비하는 것은

예수가 하려던 말들

온전히 들러리의 책임이다. 믿음의 기름이란 더 많이 쌓아 두는 것이 아니라 더 많이 버리는 것임을 기억해야 한다. 이 비유는 아직도 수많은 것을 내려놓지 못하고 사는 우리의 삶을 돌아보게 한다. 충분하지 못한 준비가 즐거운 결혼식을 망치지 않기를 바랄 뿐이다.

예수가 하려던 말들

1판 1쇄   인쇄 2022년 9월 16일
1판 1쇄   발행 2022년 9월 23일
1판 4쇄   발행 2023년 3월 21일
1판 5쇄   발행 2024년 11월 15일

지은이   김호경

발행처   도서출판 뜰힘
발행인   최병인
등록   2021년 9월 13일 제 2021-000037호
이메일   talkingworker@gmail.com
인스타그램 instagram.com/ddeulhim
페이스북   facebook.com/ddeulhim

ISBN 979-11-979243-0-9 03230

뜰힘은 아래를 향하는 힘에 반하여 위로 뜨려는 힘입니다.